朝日新書
Asahi Shinsho 909

学校がウソくさい

新時代の教育改造ルール

藤原和博

朝日新聞出版

はじめに

子どもはウソをつかない

世の中がウソくさい。

とりわけ公の場がウソくさい。

コロナ禍以前から数年来、そんな疑念が積もり積もって考えた。

「学校がその病巣ではないか？」

なぜなら、学校とは社会の縮図であるからだ。人間同士のぶつかりげいこの場でもある。

その学校が、ウソくささの温床になっているのではないだろうか。


子どもはウソをつかない。

いや、自分の身と心を守るためにウソをつくことはあるけれど、それは許される。学校では、けっこう我慢しているのだ。なんか変だな、おかしいぞと思っても、親にも話さない。級友にも愚痴らない。みんなが「ちょっと見には平気な顔で毎日通学している」という集団圧力があるからだ。それが圧力に潰され我慢の限界を超えてしまうと、翌朝から起きられなくなる。子どもたちは、自ら心身を守りながら生きているのである。

実際、小学校・中学校の不登校児童生徒数は、２０２１年度で約24・5万人となった。前年度に比べると、約5万人増の大幅な増え方である。これに不登校状態の高校生を加えれば、軽く30万人は超えるだろう。

だが、学校に行きたくないか、行く必要を感じていない児童生徒[*1]はこんな数では済まないだろう。

授業に落ちこぼれてしまった子や人間関係で居心地の悪さを感じている子ばかりではない。都市部の中学校などでは半数が塾通いをしているから、授業中はすでに先生[*2]が発した問いの答えを知っている。彼らは黙って眠たい授業を聞いている「お客さん状態」の生徒であり、これがいわゆる「吹きこぼれ問題」である。

不登校の定義にもよるが、私の肌感覚では、潜在的にはこの10倍から20倍の不登校生徒がいるのではないかと思う。小学校から高校までで児童生徒数は１２００万人強いるので、その4人に1人の300万人くらいは、「ウソくさい」学校に息づまる思いをしているのではないだろうか。

教員はスーパーマンではない

最初に断っておくが、教員がウソをついていると言いたいわけではない。保護者をはじめ、社会全体が圧力をかけてウソをつかせているのだ。

まず、現場も知らずに文部科学省を統括する政治家や、それに従う自治体の教育委員会のガバナンスが悪い。

環境省ができれば「環境教育」を、消費者庁ができれば「消費者教育」を、金融庁ができれば「金融教育」をというように、現場の実力を超えてレッテル付きの教育カリキュラムの雨を降らせ、教員の事務量を増やしてしまった。

例えば中学校。中学の社会科の先生は、社会科の授業の他に、教科を超えて国際理解教育も情報教育も食育も心の教育も尖閣諸島・北方領土のことも教えた上で、ときには自転車の窃盗事件で警察に捕まった生徒の身元引き受けにも駆けつけなければいけない。親に連絡がつかない場合、それは教員の生活指導の一環であるからだ。さらに、部活の指導や親から個別の相談もある。

小学校では、これに英語とプログラミングの指導が降りてきた。

こんなに多様な仕事をこなすスーパーマンはそうはいないから、真面目で一所懸命な教員ほど精神的なバランスを崩しがちだ。精神疾患などの病気による休職、離職が年々増えている。

まるで不人気で閉店間近の蕎麦屋のように、カレーやカツ丼を出したりメニューに中華も加えたり、しまいにはラーメンまで出すような始末で、ウソくさい！

次に、「一斉授業」というスタイルが、現場ではすでに機能不全になっている。誤魔化しきれないのだ。

日本全国の小学校、中学校、高校で午前8時半には1000万人以上の児童生徒が着席して黒板のある方を向き、教科書片手に現れる先生を待つ。考えてみれば、この習慣を戦後50年以上にわたって維持した学校という現場は、素晴らしく強力なシステムだった。

発展途上国としての経済成長期に、解説書を正しく読んで作業を迅速に処理するブルーカラーと、早く正確に事務処理をこなすホワイトカラーを大量生産するには、あたかも工場のような照明設備の教室で「一斉授業」をやるのが最も効率的だったのだ。

ところが、日本は１９９８年から成熟社会に入っている。すべてのもの、こと、ひとが多様化し、社会が複雑化し、変化が激しくなった。学校でも児童生徒が多様化し、軽度な発達障害も一括りに軽視することはできない。家庭の事情も複雑化し、離婚も虐待も増えている。学習内容の変化も速く、印刷物である教科書には、この1年で新しく発見された事柄は反映されないし、地図の国名すら変わってしまう。

先生が黒板と教科書で生徒に一斉に教えるのは、20年前からすでに無理があったのだ。

しかも、子どもたちの学力は「普通の子」が7割いるようなひと山型ではなく、「低学力で落ちこぼれちゃった子」と「(塾に通っていて)もうわかっちゃってる吹きこぼれの子」が激しく分かれるフタコブラクダ型になっている。真ん中の普通の子に向けた「一斉授業」はなおさら意味をなさないから、授業がウソくさい！

2割に過ぎない学校の存在感

教育評論家のウソくささも指摘しておこう。

何でも「学校が悪い」「教員が悪い」と大袈裟に宣う、テレビコメンテーターのことだ。もちろん、いじめ事件を隠蔽《いんぺい》して子どもを死に至らせてしまうようなケースは弾劾すべきだ。しかし、いじめや不登校は本来、社会問題である。家庭やコミュニティや日本社会全体の歪みが一番噴き出しやすい学校で噴出したからといって、すべて教員のせいだと学校に責任を押し付けるのはどうかと思う。

冷静に考えればむしろ、逆である。

少子化と核家族化の進行でまず家庭の教育力が下がり、次いで地域社会の後退・衰退によってコミュニティの教育力も下がってしまった現代社会で、学校の先生が踏ん張って負担に耐えてきたという実態がある。ただし、本書で述べるように、ベテラン教員が現場から去り、新卒採用教員の質は応募採用倍率の低下で落ちているので、今後は否応なく学校の教育力も下がっていく。対処法は後述する。

でも、学校の教育力が下がることを大袈裟に受け取ってパニックを起こす必要はない。学校の支配力はもともと下がり続けているからだ。塾をはじめとする学校以外の私的教育機関の充実やネット上でのＹｏｕＴｕｂｅ動画の登場、学校外オンライン授業の充実はもはや周知のことで、今さら強調するまでもない。

今後、ＣｈａｔＧＰＴなどのＡＩが社会に実装されて性能や精度が上がってくれば、学校の支配力はますます弱くなる。

試しに周りの大人に聞いてみてほしい。

「あなたにとって小中学校から高校までに先生から直接習ったことは、全人生で学んだことを１００とした場合、何％くらいでしたか？」と。要は、学校の存在感を問う質問だ。

どんな答えになるだろう。

公文や進研ゼミのような教材が開発され、塾や英語教室、水泳教室、サッカー教室が増え、さらにはネットのおかげでＹｏｕＴｕｂｅやスタディサプリなどの自律的な動画学習が普及し、漫画やゲームからも人生を学べる現代においては、きっと答えは３割を超えないし、ＡＩ世代の10代ではほんの数％になるはずだ。

学校の存在感は、全教育機関やサービス部門のおよそ２割に過ぎない。[*3]
だとすれば、全学習活動に対する学校の影響力は３分の１以下だと認め、逆に、**もっと自由な教育を先生たちに許してもいい**時期に来ているのではないだろうか。

以上のことはソフトな感覚値だが、ハードに時間分析を行なっても同じことが言える。

学校での授業は年間８００時間を超えない。正味45分授業が１日６コマ×１７５日程度だからだ（ちなみに実技教科を除く主要教科はおよそ半分の４００〜５００時間）。

これに対して児童生徒の生活時間は、起きている時間を16時間として３６５日で約５８００時間だから、学校での授業は全生活時間の13％程度になる。この数字を基に、私はよくＰＴＡ向けの講演会で子どもたちの現実を次のように伝えている。

「テレビとゲームで１日３時間遊んでいれば年間１０００時間以上になりますから、主要教科をその半分の時間しか学ばない学校教育だけで学力が上がるわけがないんです。ちなみに国語は年に１００時間程度ですから、日本語より確実にテレビやゲームの言葉を話すようになるでしょう」

数字の説得力には頷かざるを得ない。

もっとも、野球やサッカーの部活に全力投球して1日3時間の練習を土日も含めて365日やっている子は、アスリートとして1000時間学ぶので、学校の授業で学ぶ時間が13％でも、部活で学んだ17％が積み増されて「学校の先生にお世話になったのは3割はあります」と評価するかもしれない。

だから、ますます言いたい。学校が、学力や礼儀、生活態度や人格も、人生を切り拓くすべてを教える場だと考えるのは大いなる誤解であると。公立・私立にかかわらず、息子、娘を入れておけば、工場のように理想的な日本人が産出されてくるとは決して思わない方がいい。

そして、悪いことがあると何でも「学校のせいだ、先生が悪い」というのはマスコミや評論家の口癖だが、これはミスリードであって真実ではない。まったくのウソである。

本業回帰で蘇れ

本書の第一部では、そうした**社会からのプレッシャーを受けてウソくさくなってしまった学校教育の実像**に迫る。

学校のどこがウソくさいのかを、あえてあげつらおうと思う。

教員の皆さんからはバッシングを受けるかもしれないが、ホンネを書くつもりだ。そうすることが、2003年から5年間、2016年から2年間、民間校長として中学高校の現場を体験した私の責務であろうと考えている。

校長職ばかりではない。東京・杉並区立和田中学校在職中から7年間、つくばの教員研修センターで校長・副校長・教頭研修の講師を務めた。2008年度からは大阪府知事特別顧問として25市町村55校を回り、2022年度には千葉県と山梨県の両県で知事顧問として60日間授業を行なった経験もある。

総じて教員は真面目に教務に取り組んでいるのに、なぜ、その歯車が時代の変化とともに噛み合わなくなったのか……教員でないからこそ、鳥瞰して観える部分もある。多少極端な表現をするかもしれないが、それは勘弁してほしい。

第二部では、社会からの誤解に応えようとしてウソをつかなくてもいいように、**学校は何をしなくても良いのかを明らかにする**つもりだ。

学校のウソくささを解決する私なりの処方箋である。

私企業の世界では、アップルも、スターバックスも、レゴも、ユニクロも、ソニーも、「本業回帰」「原点回帰」の精神で蘇った。学校もそろそろ、学校という児童生徒が集まる装置で、**「教員という人間ができること」**に集中しよう。

できないことまでさせるから、ウソくさくなってしまうのだから。

【注記】

＊1　小学校の児童、中学や高校の生徒をまとめて通常は「児童生徒」と表記するが、文脈によって「生徒」としたところもある。さらに「子ども」や「子どもたち」という表記も交じるが、寛容に寄り添っていただければ嬉しい。

＊2　「先生」「教員」「教諭」「教師」もビミョーに使い分けている。正確に定義はしていないが、「先生」は呼称であり、「教員」が職業名、「教諭」が処遇を示し、「教師」は尊称であると考える。

＊3　著者が独自に実施した「100人に聞きました」調査では、ビジネスパーソンを含む一般人で「あなたが今まで学習してきたことで、小学校から高校までの学校教育で先生から直接学んだことは何割くらいですか？　感覚値で構わないので数字で評価してください」という問いに、平均で2割程度という答えが出た。塾や○○教室など私的な教育サービスが豊富な都会では1割、学校が主たる教育機関である地方で3割、全国平均で2割というのが正直なところだろう。

大学教育（学部の4年間／修士・博士課程は含まず）を加えても3割程度に評価された。

面白かったのは、起業家やイノベータを多く輩出することで評判のリクルート出身者が1％以下と答える傾向があること。特有の世界観を持って自分の足場を独自に築いている人たちの評価も総じて低い数字だった。

逆に、教員に同じ問いかけをした場合は、平均で3割程度と一般人より高い数値となった。さらに教員の場合は教職課程のある大学で教員免許を取るシステムなので、教職という現在のキャリアと大学が直結していることもあるだろうが、大学教育を2割以上に評価したので、全体として5割を超えた。ただしこれは、教員が、実社会での経験やメディア視聴による学習時間が不足している傾向も示唆される。

学校がウソくさい

新時代の教育改造ルール

目次

第3章　校長のウソ

第6章　授業内容を3つの力で見直そう　209

第7章　学校教育が生き残るための新時代の評価ルール　243

第8章 「書類ゼロ」から始める改革実現 265

おわりに
――それでも、教師がサラリーマンであって良いはずはない 290

第一部

「学校」の不都合な真実

第1章　校則のウソ

「学校」という装置の役割

「ブラック校則なくせ」。そんな活字が新聞の見出しに躍ったのは2017年の暮れのことだ。必要以上に生徒の生活に介入する不合理な校則を、NPO法人らが調査し公に問題にしたのである。背景には、学校の校則に対する批判がテレビやネットのバラエティ番組で激しくなってきたことがある。すべての校則を「児童生徒と議論して決めろ」と乱暴な意見を言う評論家には「それはちょっと違うのではないか」と私は思うが、本書ではまず、「校則のウソ」から始めよう。

学校の「校」という字の成り立ちは「木」偏に「交」というつくりからなる。「交」は足を交差している姿だと言われ、刑罰の足枷《あしかせ》に拠るらしい。つまり、「無理矢理やらせる」という意味なのだ。学校はもともと、「学び」を強制する（矯正する？）場所なのである。

その証拠に小学校、中学校、高校とはいうが、大学校ではなく「大学」と呼ぶ。「大学」は学びを強制されない場所で、強制されるのは「警察大学校」「防衛大学校」など数校ではないだろうか。

繰り返すが、学校という場所は、その成立からして、国家が好ましい（と考えられる）国民を育成するための機関であり、自由に学びたい市民たちの革命を経て民主的かつ自然に成立したアカデミーとは性質が違う。

国家の要請として、日本の国民としてふさわしい日本語を話し、日常生活に支障のない計算能力があり、工場の生産現場に配置しても戸惑わないような旋盤《せんばん》やドリルの知識、事務仕事をスムーズにこなすための社会的な知識を、強制して身につけさせるのが「学校」という装置の本来の役割だ。それがのちに、必修項目が膨らんでいく。商社に入って国際的に商談するためには英語力も必要だし、企業の研究機関で化学繊維や薬品を開発するためには物理や化学の知識も必要だ、となるからだ。

こうして戦後の日本では「早く、ちゃんとできる、いい子」をスローガンとして、産業界が望む「情報処理力」の高い労働者（ブルーカラーとホワイトカラー）を学校機関が大量生産することになった。欧米へのキャッチアップのスピードを速めるための教育政策として、正解だった面が強い。

要するに、国家の要請によって、日本人として必要な知識と技能を備えるために、強制して学ばせる場所が「学校」なのである。

しかし、国が豊かになり国民の経済的なレベルが上がって平和が続くと、国民の側からの要請も強くなる。市民社会からの声は、より自然な自由を求めるからだ。自由と、ルール。もとから相性が悪い組み合わせであるのは言うまでもない。それがぶつかり合うのも「学校」だ。

それでも、昔からあった学校でのルールには、納得できるものも多い。

挨拶はしましょうね。礼儀正しくしましょうね。笑顔で返事しましょうね。その通りだろう。「おはよう」「ありがとう」「さようなら」は、(障がいのある子はともかく)言えないより言えた方がいいだろう。人間同士の社会がスムーズに回る潤滑剤だからだ。

授業中、無駄なおしゃべりはいけません。もちろんだろう。教室がうるさいと先生の声が聞こえないからだ。授業を聞く「集中力」は子ども時代に身につけたい武器だし、つまらない話でも聞いているふりをする「忍耐力」も同様かもしれない。

休み時間の廊下で「走らないでね」は、実際転んで怪我するリスクと、廊下の曲がり角や階段の上り口などで鉢合わせする危険を回避するためだ。廊下で生徒が全速力で走っていれば、給食の配膳車と衝突するような大事故も起きるだろう。さらに「手を洗いましょう」は、日本人の習慣として根付いており、コロナ対策としても役立った。

のちに詳述するが、こうした**「良い習慣」を児童生徒につける装置として**学校は機能している。子どもの頃に良い学習習慣と生活習慣を身につけられれば、大人になって社会生活を営む上でも、大いに役立つだろうことは言うまでもない。

意味不明なツーブロック禁止

しかし、そうは言っても、私にもどうにも納得できない校則がある。

「ツーブロック禁止」である。

比較的近年になって広がった、髪型に関する校則の1つだ。

髪型は、長年の校則の課題だ。昭和の時代から、生徒が髪を染めていいのか、金髪にしていいのかについては盛んに議論されてきた。パーマも同じく問題視され、長い髪の女子生徒には「邪魔にならないよう後ろで2つに結んでおさげにしなさい」と決めている学校もある。

今はどうか知らないが、私が杉並区立和田中学校に赴任した20年前でも、生徒のお仕置き部屋になっている場所に黒いヘアスプレーが常備してあり、夏休み明けの始業式や入学式、卒業式などに金や茶色に染めてきちゃった生徒の髪をその場で黒く戻すために使われていた。公式行事には髪を染めた生徒は参加させない、というルールがあったからだ。

建前としては、①経済的なこと、②勉学への集中優先、③風紀管理の都合、が理由とされていた。

まず、髪を染めるにはお金がかかるし、パーマも同様だ。とくに公立の学校には、経済的に恵まれない子（7人に1人といわれる／一人親の貧困率は5割）が不利にならないようにという配慮がある。大事な学校の美徳である。

次に、ファッションなどの日常的なおシャレに、中高生はあまり気を遣ってほしくないというメッセージだ。10代の思春期には「見た目がすべて」というくらい、過剰に意識が「自分が他者からどう見えるか、どう思われているか」に向かうのは承知の上だが、先生の言い分としては、「本来の目的は勉強」だからそこはグッと堪えて、というわけだ。

ベテランの先生はとくに、かつて自由度を上げたせいでの苦い経験を憶えている。学校が荒れた校内暴力の時代だ。当時は、週末に教室のガラスが全部割られたり、廊下をバイクが走り回る事件も起きた。髪型はリーゼント、ズボンはぼんたん（ぶかぶかのズボンの尻ばき）、学ランは裾を長くしたチョーランで、中には学ランの内側を紫にして刺繡を施すヤンチャ者もいた。

校則をゆるめれば、あの頃に戻ってしまうと恐れているのだ。

しかし、本当にそうだろうか。

ダイバーシティ（多様性のある社会）が叫ばれ、インクルーシブ教育（障がいのある人とない人がともに学ぶ仕組み）が推進され、校内でもＬＧＢＴＱの存在を認める中で、もはや違いを認めず「みんな一緒」に揃えるのは、さすがに時代錯誤ではないか。

とりわけ、「ツーブロック禁止」は意味不明だ。何がいけないのか、理由がわからない。

私自身、２０２２年度に山梨県知事と千葉県知事の特別顧問として授業を行ない、その前後で現場の教員と意見交換もしたが、「ツーブロック禁止」については、禁止している学校の教員でさえ明確な理由を挙げられなかった。ちなみに、日本が誇る大作曲家・坂本龍一氏（故人）はツーブロックで通したことで知られている。

他にも靴下の色指定、スカートの長さ（膝下何センチとか）、オーバーコート禁止などの校則がある。むしろそんな校則のせいで、生徒たちは学校にシラケて教員をなめてしまうのだ。制服があるかないかにもよるが、衣服と髪型については校則による禁止を解き、生徒自身の自由意思にゆだねてもいいのではないだろうか。お互いの**意思を尊重し合うルールが、ウソくさくないコミュニケーションを生む**からだ。

合理性が問われるピアス禁止

ただし「ピアス禁止」については、私自身も手放しで自由化に賛成したりはできない。なぜなら、ファッションや髪の色は考えが変われば元に戻せるが、ピアスのために耳などに穴を開ける行為は、不可逆的だと考えるからだ。しかも粗雑な穴あけで化膿などのトラブルにつながる例もある。

もちろん、ファッションや髪の色同様、見栄えについての校則を一斉に廃するならその方が簡単だ。どんな格好をしても自由ですよ、なら教員は生徒を管理する必要がなくなる。

だが、自分の耳に穴を開けるのがＯＫなら、次のような、自分のカラダを故意にいじる行為も否定できないことになる。これは私自身、「よのなか科」の授業で中高生と繰り返し討論してきたテーマでもある。

- ・ピアスをするために体に穴を開ける。
- ・人相が変わるような美容整形をする。
- ・ムダ毛を薬品や機械で抜いたり、植毛したりする。
- ・ドーピングで成長ホルモンを注射する。
- ・性別適合手術をする。

前者の2つの項目には、賛成票を投じた生徒でも、後者の2つの項目に関しては票が分かれて、反対意見も多くなる。大人でも同様かもしれない。

ここで道徳の授業をするつもりはない。美容整形や性転換手術をやってはいけないと論じたいわけでもない。私には性転換手術を受けた友人もいるし、火傷など事故で顔面に傷を負ってしまった人が整形手術によってプライドを取り戻す例があることも十分承知の上だ。

それでも、ピアスをするために体に穴を開ける行為がルールとして認められるのであれば、ここに並べた「人工的にカラダをいじる不可逆的な行為」は全部認められるはずだ。すべてつながっているからである。個別に道徳的に判定するわけにはいかないし、日本では宗教によって禁じられているものもない。だからこそ、「ここから先はやってはいけない」という判断は、一人ひとりの価値観に委ねられる。

学校の校則については、一貫した評価基準の合理性が問われるだろうから、これらの項目は、公立校では禁止としておいた方がいいのではないかと私は考える。

ピアスの穴を開けるのがいいなら、プチ整形で二重にする行為も否定できない。成長ホルモン注射も、性転換手術も、18歳で成人になってからの判断まで保留するのが得策だろう。

校則には、残した方がいいものもあるのだ。

以上は、私の個人的見解なので、ピアスについてはファッションの一部として許していいという考え方もあるだろう。本稿は、児童生徒と先生が議論するための1つの素材として受け止めていただければ十分である。

給食の暗黙ルールは要らない

校則から少々逸れるが、ここで「給食」についても話しておこう。

私が大阪府知事特別顧問に就いたとき（2008年）、大阪の中学校での給食実施率はわずか8％だった（当時の全国平均が80％）。これは、当時の教育委員の中に「お弁当はお母さんが作るのが当たり前、その愛情が人間形成につながる」という教育観を持った人物がいて、「中学校の給食」がタブー視されていたのが理由だ。

しかし、現場を冷静に観察すると、生活保護世帯や就学援助世帯など、そんな余裕を持たない家庭も多い。毎日の弁当作りは、想像以上にハードルが高い。そんな子どもたちは何も持ってこないので、お昼の時間になると隠れたり、外に水だけを飲みに行ったりしていた。小学校までの給食は、そうした生徒たちの命綱になっている現実が、大阪にはあった。

そこで、私たちのアドバイスを受けて橋下徹知事（当時）が2011年度から5年間で総額246億円の予算を注ぎ込んだ。結果、次第に中学校での給食実施校が増え、現在では6割を超えている（小学校はほぼ100％実施）。

ここで考えたいのは、この給食を「残さず食べなさい」という暗黙のルールについてだ。「給食は残さず食べること」を校則にしている学校は存在しないと思う。

でも、それを強要するような集団圧力は明らかにかかっている。

とくに小学校では「給食指導」は担任の先生の役割で、かなり気を遣っている。

「食べ物は残さず食べなさい」だけでなく、小学校での掃除の時間の「雑巾の絞り方」や「廊下の磨き方」、服装の礼儀として「シャツの裾をだらしなく出したままにせず、ズボンやスカートの中に入れる」や「靴の踵を踏んで歩かない」という生活指導も広範にある。外国の見学者からは羨望の眼差しで見られていて、アジア諸国の中には真似をしている国もあると聞く。

私は、この小学校での「残さず食べなさい」はゆるく続けてもいいが、中学校ではもうそこまで指導すべきではないと考える。様々な事情で、食べられない子もいるからだ。自分が太っていると思われることが嫌で、ダイエット中の子も含む。

もっとも親の世代が平気で食事を残して残飯を捨てる風潮がある中で、どれほどこの美徳が維持されるのかは微妙だ。コンビニやスーパーのお惣菜やお菓子の廃棄を含め、日本では1日に1500万食がゴミになっていると聞く。1500万人分ということは、ちょうど全世界で餓死する子どもの数に等しい。これを瞬間冷凍して栄養を閉じ込めたまま錠剤にし、地下のトンネルもしくは地球周回軌道から瞬間で移送できるようにすれば、日本で余る食料で世界の飢餓が救える。そんな技術が開発されないだろうかと、真剣に考えたくもなる。

とはいえ、日本人独特の暗黙のルールによる〝圧〟を、毎日の学校で体験させてはいけない。

こんなこともあった。ずいぶん前のことだが、保護者の中に給食に関わるとんでもないクレーマーがいて驚いたのだ。

曰く「給食費を払っているんだから、いただきますなんて、言わせるな！」というのである。これには笑うしかなかったが、食べ物を前にして（人間が食するために殺された牛や豚や鶏や魚のためにも）、「いただきます」と感謝するのは当然の礼儀だろう。

手を合わせるかどうかは個人の自由だけれど、何も宗教的な行為を学校が強要しているわけではない。私見だが、日本人に限らず、手を合わせるのは感謝を素直に表す人間の美しい姿だと思う。

それにしても、ほとんどの自治体で、給食費が相変わらず保護者から費用をいただく私費会計なのは残念だ。児童生徒からの徴収行為が担任の先生の負担にもなっている。経済的に厳しい子に督促するのは心苦しいからだ。

東京都では私立中学に通っている子にまで助成金を出すようだが、そんな予算があるのなら、経済的に厳しい子には、中学までの給食を無料にする方が先ではないか。

アルバイト禁止は可能性を摘む行為

高校で「アルバイト禁止」を校則にする意味も、わからない。

中学までは義務教育だから、新聞配達などを除いて、なるべく勉学に集中できるようにしようというのは理解できる。でも、15歳からは就職することができ、家計を親世帯と別にすることも可能だ。民法上は大人と同じ扱いになり、姓を改めたり、養子に入ったり、臓器提供の意思表示をすることもできる。

半分大人だと認めている高校生に対して、アルバイトで稼ぐことを禁止する理由はないだろう。千葉県と山梨県の教員との懇談でも、「なんで、いけないいんですか?」と聞いたら、「勉強が主ですから」という返答しかなかった。

勉強が主だというなら、こう言いたい。その**勉強を学校に限るのは時代遅れ**だと。「はじめに」で触れた通り、学校の授業から学べるコンテンツは、現役高校生にとっても一部に過ぎない。YouTubeやスタディサプリで勉強している生徒や、興味の対象がすでに絞り込まれ、スポーツ、音楽、芸術分野で高みを目指して努力している生徒にとっては、学校の先生から学ぶ割合は1割か、それ以下に過ぎないかもしれないのだ。

バイトでの経験は貴重だ。人間関係の学びもあるし、世の中のお金の流れや、どうしたら「信用」を得られるのかを実体験できる場でもある。私自身も高校生のとき、東京・二子玉川の明治屋でバイトをして同級生4人でお金を貯め、バンドを結成するための楽器購入資金を稼いだ。なんだか世の中には斜に構えた人もいて、その先輩からサボり方の技を聞きながらの無駄話もなかなか面白かった。50年経った今でも憶えている。

とくに高校生には、先生や親のようなタテの関係の上役的な存在より、利害関係のない第三者との関係、すなわち「ナナメの関係」の人間関係があるといい。お兄さんやお姉さん役、おじさんやおばさん役、お爺ちゃんやお婆ちゃん役のことである。先生や親からよりも、「ナナメの関係」からの教えの方が素直に聞き入れやすいからである。あなたが、直属の上司から強く指導を受けると「このヤロウ！」と反射的に思うのに、同じことを別の部門の先輩に言われたら聞く耳が持てるのと同じ理屈だ。

だから、アルバイトで学びながら学校で学ぶことがなぜいけないのか、私にはわからない。

芦田愛菜さんとサンドウィッチマンがMCを務める人気テレビ番組「サンドウィッチマン&芦田愛菜の博士ちゃん」を観ればわかるだろう。海外の「ゴッド・タレント」という公開オーディション番組も同様だ。突き抜けた知識や技能のある子どもが大勢出てくる。YouTubeでいくらでも学べて発表の機会も多い現代社会では、特定分野の知識で学校の先生を超える存在はごまんといるはずだ。のちに述べるが、そういう子どもたちを教える側に回したらいい。場合によっては、報酬を払ってもいいくらいだ。

さらに、プログラマーや起業家として立ち上がる小学生、中学生もいる。高校生になれば、起業して社長になることだって可能なのだ。

なぜ、そんな未来ある存在に「バイトしちゃダメ」と言えるのだろうか。可能性の芽を摘む行為ではないか。まったくウソくさい！

スマホへの恐れの正体

さて、スマホをめぐる校則についてだ。

まずは高校。高校生に「スマホの電源を切ってカバンに入れて保管しなさい」はナイと思う。奈良市立一条高校で例を見せたように（2016〜2018年）、生徒個人所有のスマホをBYOD（Bring Your Own Device）で学校に持ち込ませてＷｉ－Ｆｉにつなぎ、授業に100％利用することを促進すべきだ。

スタディサプリなどのオンライン教材を学校でも使えるようにする必要から、都立高でもこの動きに乗ずる気配があった。でも、まだ一部に留まっている。

なぜか？

スマホを解禁すると、生徒がみだりにスマホを使用するようになり、学校が荒れて、生徒指導（義務教育では生活指導、高校では生徒指導と呼ぶ）が利かなくなることを教員が恐れているからだ。

だが、本当にそうだろうか？

一条高校での実体験から話そう。2016年には全生徒のスマホを学校のWi-Fiにつないだ。スマホを持っていない子には簡易端末をデータ交換用に貸していた。電話をする必要はないから、貸し出しには安価なデータ端末で十分なのだ。

Cラーニングというソフトを組み入れて授業や学校の運営管理に利用していた一条高校では、20年からのコロナ災禍で通学が難しくなった期間も、全教員が授業動画をアップすることでリモートへの対応が素早くできた。

とはいえ、「進学校ならできるが、教育困難校（昔でいう底辺校）では無理だ」と少なからぬ教員は言うだろう。そんなときは、こう答える。

「スマホで教えたらどうでしょう？」

たとえ指導が困難な生徒の場合でも、実技系の教科を中心に、スマホの動画を使った立体的なカリキュラムに仕立てれば、十分教えられるのではないかと想像するのだが、甘いだろうか。現場を知らない者の〝机上の空論〟だと言われてしまうかな。

だが、空論ではない。

私は教育困難校に勤務したことはないが、大阪ではなかなか厳しい府立西成高校などで「よのなか科」を教えた経験がある。廊下から隣の公園に住むホームレスの青いビニールシートが日常的に見える学校で、「ホームレスは社会のゴミか」を討論する授業を人権担当の教員とタッグを組んで行なった。実際のホームレスをゲストに招いて、である。結果は有意義なものとなった。だから、やり方次第ではないかと思うのだ。

やり方次第で、全国およそ5000校の半分くらいで、スマホを授業で活かすことは可能だと思う。スマホに使われず、あくまでもツールの1つとして**スマホを使いこなすことを学校で習得**すればいい。恐れからくる禁止措置では、それこそ陰でこそこそとした悪用が増えるばかりだから。

まず、高校からスマホを解禁し、ついで2020年代中に中学にも拡大すべきだと私は考える。小学校については議論が分かれるだろうから、保留しておく。

中学校でも「スマホの電源を切ってカバンに入れて保管しなさい」を続けるのはナンセンスだと私が思うのは、セキュリティ上も好ましくないからだ。

地震や火災が起きたり津波が襲ってきたときに、生徒は、普段の避難訓練通りに身ひとつで校庭や体育館に避難する。本当の災害であった場合、それだとスマホが教室の机の脇かロッカーに残されることになる。これでは、避難後に家族と連絡がとれない。携帯電話を不携帯にするのは、むしろ問題なのだ。

　それなら、授業中も電源を切らないで１００％授業に利用する方向に舵を切るべきだろう。

　課題があるとすれば、個人のスマホを学校で壊したり、友達に壊されたりしたときの対応だ。最新機種を盗んだり、盗まれたりすることもあるかもしれない。

　そうした場合、高校生なら自己責任の範囲としていいが、中学生では無理がある。実際、ＧＩＧＡ端末（ＧＩＧＡスクール構想で配布が加速したタブレットやパソコン）を投げて壊した小学生もいた。でも、国の政策で配ったものは、国や自治体が保証する。壊した子や先生のせいにはならない。

　一方、現代の子どもたちにとって、もはやスマホはカラダの一部である。いや、脳とつながった存在だとも言えよう。スマホの向こうに広がる地球規模のクラウドネットワークは、やがて人間と融合する存在かもしれない。ホモサピエンスがネットワークと合体した姿にメタモルフォーゼ（変態）することを前提とするなら、小学生でももはや学校での使用を禁止すべきではないという意見もあるだろう。

スマホを活かした授業にどういう効能があるかはのちに述べるが、少なくとも高校では「スマホの電源を切ってカバンに入れて保管しなさい」は、もはや時代錯誤でウソくさい！

かつて学校は輝いていた

こうした校則や暗黙のルールについては、変更せず現状維持の方が手間がかからないし、コストも安い。

保護者も知らないと思うが、例えば運動会の競技ひとつ、前例を変えるのは大変なのだ。運動会では、どの学校にも数十ページの演技進行マニュアルがあり、組体操を止めて大縄跳びにする場合、その競技の内容だけでなく、前後の整列の仕方から、入場退場、応援のあり方までを新たに規定しなくてはならない。進行に間違いがあってはいけないからだ。放送係にマイクで何をしゃべらせるかも決めなくてはいけない。

だから、学校という複雑で膨大なコンテンツを抱えるシステムでは、「正解主義」「前例主義」「事勿れ主義」になる。何しろそのまま維持するのさえ大変なのだから。

しかし、戦後50年続けてきたシステムを誤魔化し誤魔化し70年以上もやり続けてしまった。ついにほうぼうに綻びが生じ我慢の限界に達している、というのが私の見立てだ。

大方の読者も賛同してくれるのではないだろうか。実は大方の教員たちも同様に。

学校はその昔、「輝きのある存在」だった。

まず、明治5年の学制発布で近代の学校がスタートしたとき、何が起こったかというと、当時農村社会では子どもは労働力だったので全国で反対運動の一揆が頻発。それを治めるために明治政府は、村一番の近代的な建物として学校を建築し、村唯一のホワイトカラーとして教師を配して、そのキラキラ感で子どもたちを集めたのだという（文化庁・合田哲雄次長談）。

「輝きのある存在」だったからこそ、ルールを守らせることが容易になった。校則を押し付けることが可能だった。一斉に従わせることが当たり前にできた。なぜなら、学校が、先生が、無条件に信任を受けていたからだ。

信任（クレジット）とは、他者からの共感と信頼の総量のこと。
とりあえず「先生」は偉い！　ということにした。教育というのは上から下に流れるから（エネルギーの高い方からしか教えられないから）、先生をヨイショして学校を高みに置いた方が合理的だったのだ。だから、大学を卒業したばかりの新採（新卒採用）の新人でも「先生！」と呼んでリスペクトするコンセンサスが日本全国の地域社会にできた。そのコンセンサスを補強するために、背の低い先生でも偉く見えるように教壇が一段高く作られた。

さらに言えば、日本の戦後復興は学校を復興することから始まった。

その際、新しい技術や機器はまず、学校に導入されることになる。旋盤や電動ドリルもそうだし、顕微鏡も天体望遠鏡も、家庭よりまず学校に設備された。

和田中の校長として最初に校内を巡ったとき、技術室に続く廊下に妙な鉄の扉があることに気づいた。昔はいちいちその鋼鉄の扉を閉めて鍵をかけていたのだという。なぜなら、技術室に高価な最新のマシンが入っていたから、それを盗まれないようにという配慮だった。「でも、それって泥棒が外から窓を破って侵入したらどうするんですか？」と聞くのは止めておいた。

小学校を見学して、パソコン室の貼り紙に驚いたこともある。「パソコンに触るときには、まず手を洗ってからにしましょう」……コロナのはるか前、２０００年前後のことである。高性能のパソコンがまず学校に入り、皆の羨望の的になっていた時代は、今から何年くらい前のことだろう。

プールを学校に作ったのも、日本のユニークなところだ。欧米先進国では、プールは地域社会の運営であり、学校にはない。

そんなふうに最新設備を有する学校は、常に地域社会の、保護者の、そして児童生徒の憧れを集める集光装置だった。「輝きのある存在」だったのだ。

それが、いつからか、変わった。顕微鏡も天体望遠鏡もパソコンも通常の家庭に実装されるようになる。学校で5年に一度しか更新されないパソコンは、家庭に入る最新のパソコンよりバージョンが古く、性能も悪いものになってしまった。

だから、と言ってもいいだろう。先生という存在だけでなく、学校という装置そのものもリスペクトされる存在ではなくなってゆく。１９６０年代から80年代にかけてのことだと思う。

別の変化も進行した。教員になるのは師範学校やその後継大学卒のエリートだけではなく、多くの大学に教育学部ができて大衆化された。さらに、教職課程を経て先生になる学生の偏差値が、必ずしも意識の高い保護者が卒業した大学の偏差値を超えるわけではない事態も起きた。総じて言えば、教員の平均的な学力と、学校に積極的に関わってくれる保護者の平均的な学力が、70年代のどこかで逆クロスしてしまったのだと思う。首都圏のある県では、新採教員の大学の偏差値が平均で50を下回っているというデータもある。

だから、学校と教員に対するリスペクトは、今はもうない。バレてしまったのだ。

この上は、**校則も暗黙のルールも、一つひとつ議論して変更ないし削除していく以外にないだろう。**その手間を省いて誤魔化せる時期はとっくに過ぎた。「ウソくさい校則」は一切捨て、必要のない指導を止めよう。

その方が、先生の無駄な負担も減るはずだから。

第2章　学校のウソ

善意による無理筋の延命

繰り返すが、教員や校長が普段からウソをついているのではない。「はじめに」で述べたように、社会の強い要請に従い、誤魔化さざるを得ないことが積もりに積もって、学校をウソくさくしてしまったのだ。

私企業ならそうはいかない。大胆なリストラが必要なまでに追い込まれた企業であれば、次年度に向けて緊急かつ具体的な策が打たれる。

だが、学校には年度末決算がない。赤字になったり、債務超過という事態も生じない。イエローカードもレッドカードもない。だから教員が善意で一所懸命にカバーしようとすればするほど、無理筋な延命がなされてしまう。

その間、**「正解主義」「前例主義」「事勿れ主義」**がますます強化されるのだ。

コロナ禍は大変な厄災だったが、学校教育にとっては変革のチャンスでもあった。教員の仕事を見直す機会となり、大胆にリモート授業に移行でき、外部の先生とのオンライン動画による交流も生まれ、生徒たちの自律的な学習を育む良いキッカケだった。

それにもかかわらずコロナが明けたら、あっという間に旧態依然とした教室での「一斉授業」に戻ってしまった。

ＧＩＧＡスクール構想で加速度的に配布されたＧＩＧＡ端末（多くはキーボード付きタブレットか簡易パソコン）にしても、このままでは従来の「一斉授業」がただの「デジタル一斉授業」になるだけだ。先生から児童生徒への一方向の放送型授業のスタイルは旧態依然のまま変わらない。

文科省は、児童生徒がもっと主体的に考え、思考力・判断力・表現力を身につけられるように、「アクティブラーニング手法（主体的・対話的で深い学び）」を推奨している。だが、山梨県と千葉県の現場をつぶさに観る限り、牛のあゆみだ。学校によっては、教科書と黒板もしくはホワイトボードの授業から結局抜けられず、ＧＩＧＡ端末が死蔵されてしまっているケースもある。

学校とは何か？　教員とは何か？　が再定義され（本書第二部で詳述する）、知識を教えるだけの一方向性が否定されない限り、この流れは変えられない。

機能していない一斉授業

教員は皆気づいているのに止められないのが、知識を一方的に伝達するタイプの「一斉授業」だ。昔であれば、「できない子」「普通の子」「できる子」のうち「普通の子」に合わせて「一斉授業」をしていれば、7割方の生徒に通用した。その慣性の法則から抜けられない。時代はすっかり変化したにもかかわらず、である。

自治体の教育方針や各校の教育目標には、「児童生徒一人ひとりに応じた学習活動」や「個性を伸ばす」「多様性の重視」など、個の尊重が綺麗事のオンパレードのように並んでいる。なのに、その手段が相変わらずの「一斉授業」では、それらを実践できるわけがない。

歴史的に学校教育は、戦後一貫して「標準化」を目指してきた。

そのお陰で、1970年代には9割の国民に「自分は中流以上だ」と信じさせることができた。中流意識が宿った日本人は、「一億総中流」という言葉に象徴された。かつて私は経済ニュースサイト「NewsPicks」で、家電や車やマンションを買い揃えながら中流意識を持つに至る「上質な普通」の塊を形成したことが「戦後日本の最大の発明」だったと述べて、話題になったことがある。
しかし、その中流層の全員が上流にはなれない。なるわけにはいかない。90年代のバブル崩壊を挟んでこの中流層が上下、前後、左右に分解していく。1998年から成熟社会に入った日本では、「みんな一緒」が「それぞれ一人ひとり」に枝分かれしていったのだ。そして子どもたちの学力も、そのように変化した。

児童生徒の学力のフタコブラクダ化については、**図1**（次ページ）を見てもらえれば、一目瞭然だろう。

「できない子」「普通の子」「できる子」が、標準偏差のグラフのように釣鐘《つりがね》型に分布している教室では、前述のように、真ん中に合わせて授業をすれば、たいていの子は理解できるし、フォローするのもたやすい。
ところが、現在の教室では「できない子」と「できる子」がはっきり分かれて、フタコブラクダ化しているのだ。「落ちこぼれ」と「吹きこぼれ」の二極化と言ってもいい。に

図１　生徒の学力のフタコブラクダ化

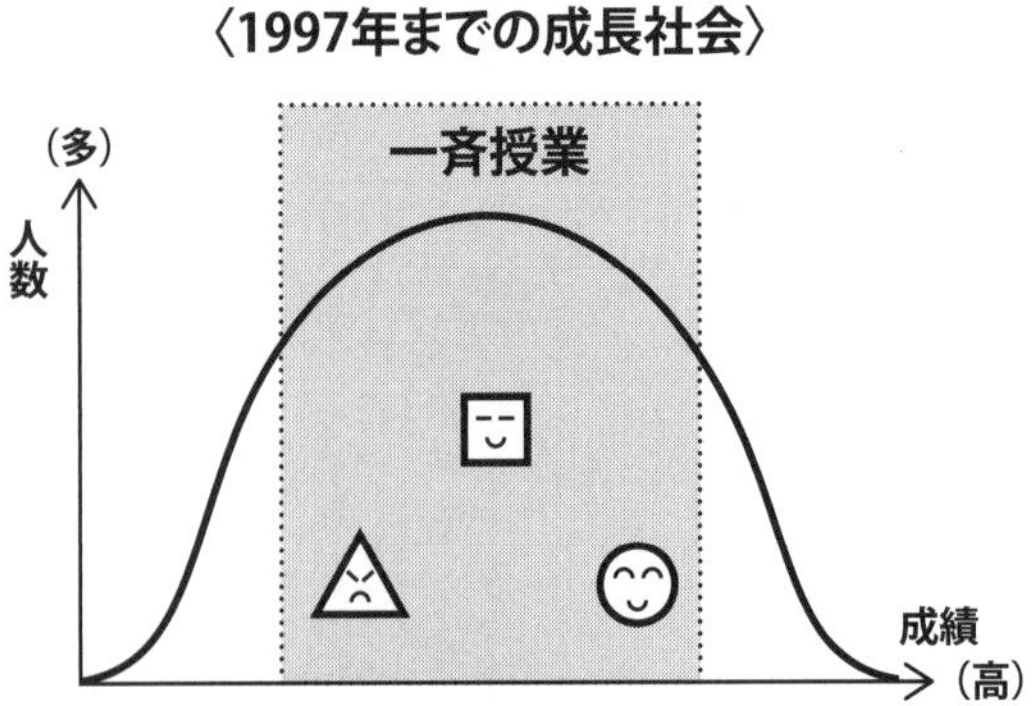

「できない子」「普通の子」「できる子」が釣鐘型に分布。
真ん中に合わせて授業をすればたいていの子は理解できた。

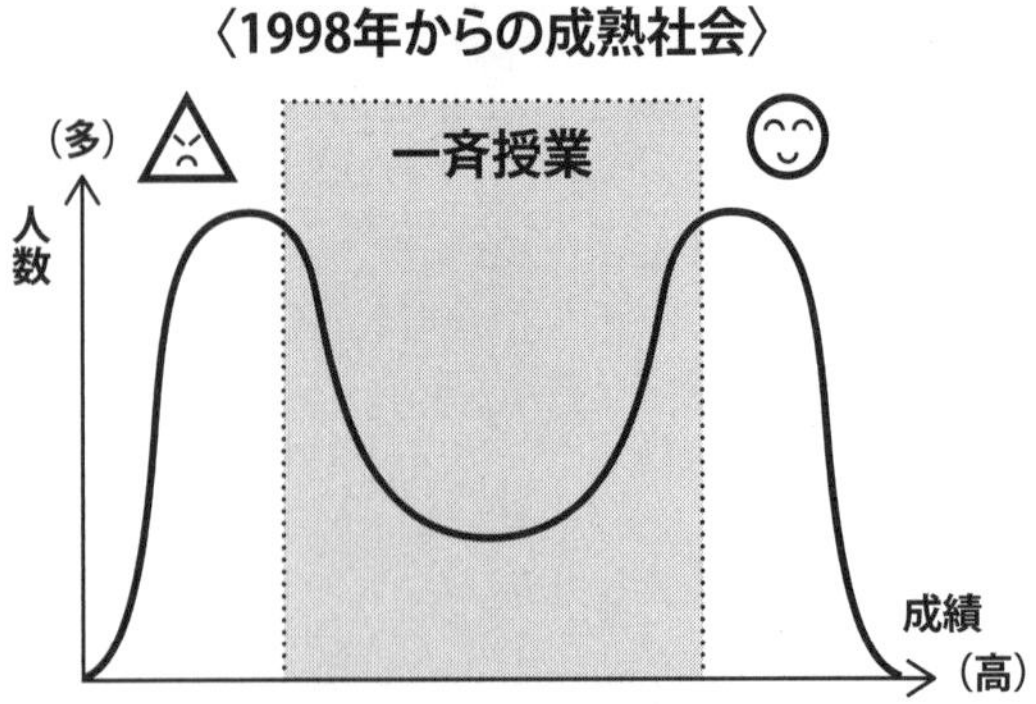

「できない子」と「できる子」がはっきり分かれて二極化。
真ん中に合わせて授業をすればどちらにもピントがずれてしまう。

もかかわらず、相変わらず**真ん中を狙って授業をするのは、お客さんのいない場所で落語をやっているようなもの**なのだ。

小学3年生で落ちこぼれになる

中学で数学が「できない子」の中には、小学校の算数ですでに落ちこぼれてしまっている子が多い。

小学校では、「2個のリンゴと3個のイチゴではいくつになりますか?」と具体的にイメージできる算数から始まるが、3年生にもなると、「3分の2」というような分数が出てくるからだ。しかも「0・3」という小数も登場して、それらを足したり引いたりしなければならない。さらに「図形」も現れる。

つまり、小学校3年生で一気に、算数が抽象概念の世界に入るわけだ。

昔であれば、分数や小数が生活の中にも存在した。団塊世代の家庭ではきょうだいも多かったから、5人きょうだいにリンゴが3つしかなかったこともあっただろう。でも、今の豊かな社会では、2人きょうだいでも一人っ子が2人いるように育つから、1人にイチゴが2つ、リンゴが1つは与えられるのではなかろうか。つまり子どもにとっては、「3

分の2」や「0・3」という事態が生活の中に存在しないから、なんのこっちゃというくらい意味不明なのだ。だから、算数で落ちこぼれやすい。

さらに余計なこともバラしてしまうと、3年生の担任をしているのは、多くの学校では、ベテランのできる教員ではない。なぜなら、ベテランのできる教員は、スタートが大事ということで1、2年生の担任に配置されるか、仕上げが大事だからと5、6年生の担任に配されることが多いからだ。あなたがもし校長だったとしても、20人の現有勢力で学年担任を決めなければならない場合、おそらく最後に残った新採教員や指導力が強いわけではない教員を3、4年生に配することになる。

つまり、**算数では、子どもの脳に抽象概念が形成できるかどうかというような最も大事な時期に、相対的には弱い教員が教えている**のだ。現在、文科省が専科教員の小学校への配置を進めているが、小学校3年からの算数にこそ厚く張るべきだろう。

保護者は、学力が全体として図の右側に寄っている私立に我が子を入れさえすれば、この矛盾は解決されると思うかもしれない。しかし、観察されているところによれば、集団が「できない子」と「できる子」に分かれるのは集団の持つ癖のようなものらしく、「できる子」だけを取り出してクラスを編成した場合でも、その中でさらに2つの群れに分かれる。だから、できる集団に入って落ちこぼれてしまった子の劣等感は過剰になるという。

では、どのように教室運営を変えていけばいいのか。このフタコブラクダ化した児童生徒の学力分布を前提とした処方箋は、ICT(情報通信技術)の利用法も含めて、第二部で詳しく述べる。

下がり続ける教員の指導力

現在も、教員の指導力は下がり、全学習活動に対する学校の支配力も下がり続けている。理由を2つ述べる。

1つは、教員の年齢構成からくるものだ。一言で言えば、学習指導でも生活指導でも、ノウハウを熟知したベテランがいなくなる現実を指している。

図2(次ページ)のように、自治体によっては4割を占めていた50代の教員が、2020年代中には現場から姿を消すからだ。

図2　小学校教員の年齢構成の変化

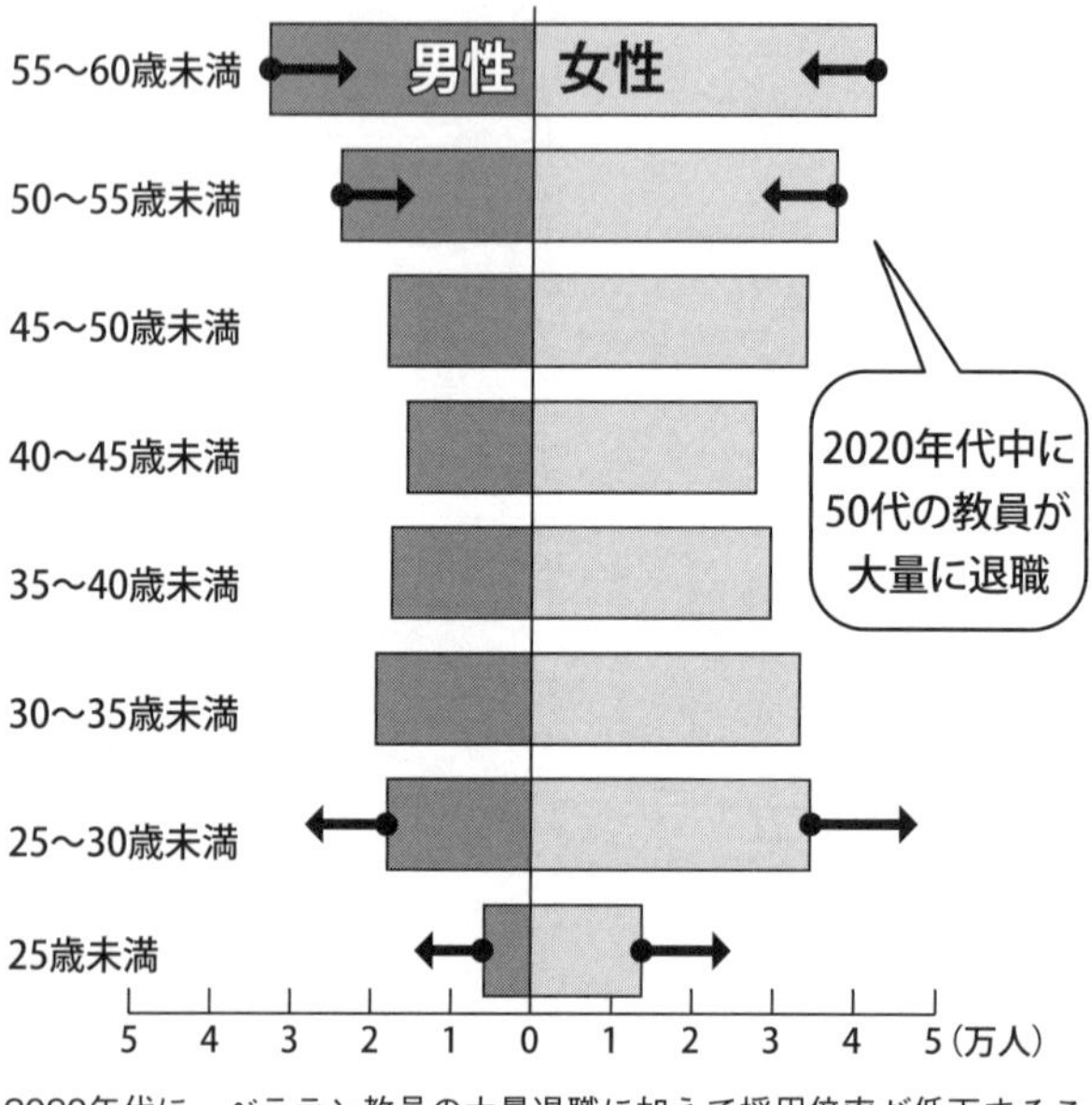

2020年代に、ベテラン教員の大量退職に加えて採用倍率が低下することで、教員の質が下がる恐れがある。（出典：文部科学省「学校教員統計（学校教員統計調査報告書）2016年」などを基に編集部で作成）

なぜ、教員の年齢構成がこんなふうに歪んだワイングラス型、というよりシャンパングラスに近く、上の厚みが過剰で真ん中がくびれてしまうのか。

原因は、採用の仕方である。50代以上、60代やその上の団塊世代にわたるかつての大量採用の反動で、現在の30代、40代を十分に採用できない時代があった。ゆえに50代の多くが退職する今、慌てて20代の教員、つまり大量の新卒を募集している状況なのだ。

人手が足りないなら中途採用で補充すればいいじゃないか、と指摘する人がいるかもしれない。だが、それができるのはビジネスパーソンの場合だ。教員の採用ではそうはいかない。30代、40代の仕事盛りの時期に、しかも成功している人の場合はとくに、別の職種から教職に転じることに経済的な魅力はない。仮に転職を考えたとしても、大学に入り直して教員免許を取ってまで学校現場を目指す志のある人材は少ない。

逆に、ビジネスの競争に敗れ、教員免許は学生のときに取っておいたから先生でもやるかと20代後半から教職を目指す人材はいるが、配置後に児童生徒にリスペクトされうるかどうかは、人間力次第だ。東京都は一時期中途採用に力を入れていたが、なかなか難しかったようだ。

私企業でもそうだが、**年齢層にこうした断層がある場合、ノウハウが共有されづらくな**

るのはよく知られた事実だ。ノウハウとは、研修会で学んだり、マニュアルに書けば伝承される、というものではない。一緒に学ぶ組織風土の中で、先輩から後輩に「ナナメの関係」で伝染・感染される性質のものである。自分のすぐ上に先輩がいればオン・ザ・ジョブ・トレーニングがなされ、英語の教授法も、いじめの対処法も引き継がれていく。

しかし断層がある場合は、容易には引き継がれない。だから、学習指導のノウハウはもちろんのこと、学校でのトラブルの解決についても、ますます難しくなっていく。

ちなみに、この世代間の断層のせいでノウハウが引き継がれなくなる現象は、警察組織でも同様に起きていた。20年も前に警視庁の中枢にいた人物から聞いたのだが、これからの捜査と検挙は、今日でいう警察のDX（デジタル・トランスフォーメーション）化にかかっていると看破していた。その頃からだろうか、防犯カメラやNシステム（自動車ナンバー自動読取装置）の映像をつないでいく捜査や、スマホでの振る舞いを証拠に検挙されるケースが増えてきたように思う。

教員の質が下がる構造的理由

ベテランの教員が辞めていく一方で、新卒採用者が増え、教育現場が若返るのは一見、良いことのように見える。もちろん、小学校などでは一緒に走り回って遊んでくれる若手の教員は人気がある。エネルギーレベルが高いから、参観日に行っても教室全体に活発なムードが漂っているかもしれない。

しかしその一方で静かに進行しているのは、応募採用倍率の低下による質の低下なのだ。教員の指導力が下がる理由の2つ目がこれだ。人気職種に優秀な人材が集まり、不人気な職種のレベルが次第に落ちていくのは、いつの世も変わらない。

一時期、小学校教員であれば12〜13倍あったものが、今や東京都では2倍程度になってしまった。要するに、目の前に2人の応募者がいたら、どちらかを採用しなければいけないのだ。リクルート出身者として私企業の常識を言えば、応募採用倍率が7倍を切ったら、質が低下するとされていた。10人採用するなら70人、100人採用するなら700人、東京都のように2000〜4000人規模の採用をするなら2万人近い応募者が必要だということだ（実際には応募者7911人、受験倍率2・1倍で、5年前より半減している／東京都教育委員会の発表資料より）。

教員という職業に人気があればいいのだが、この10年でその大変さがことごとく周知さ

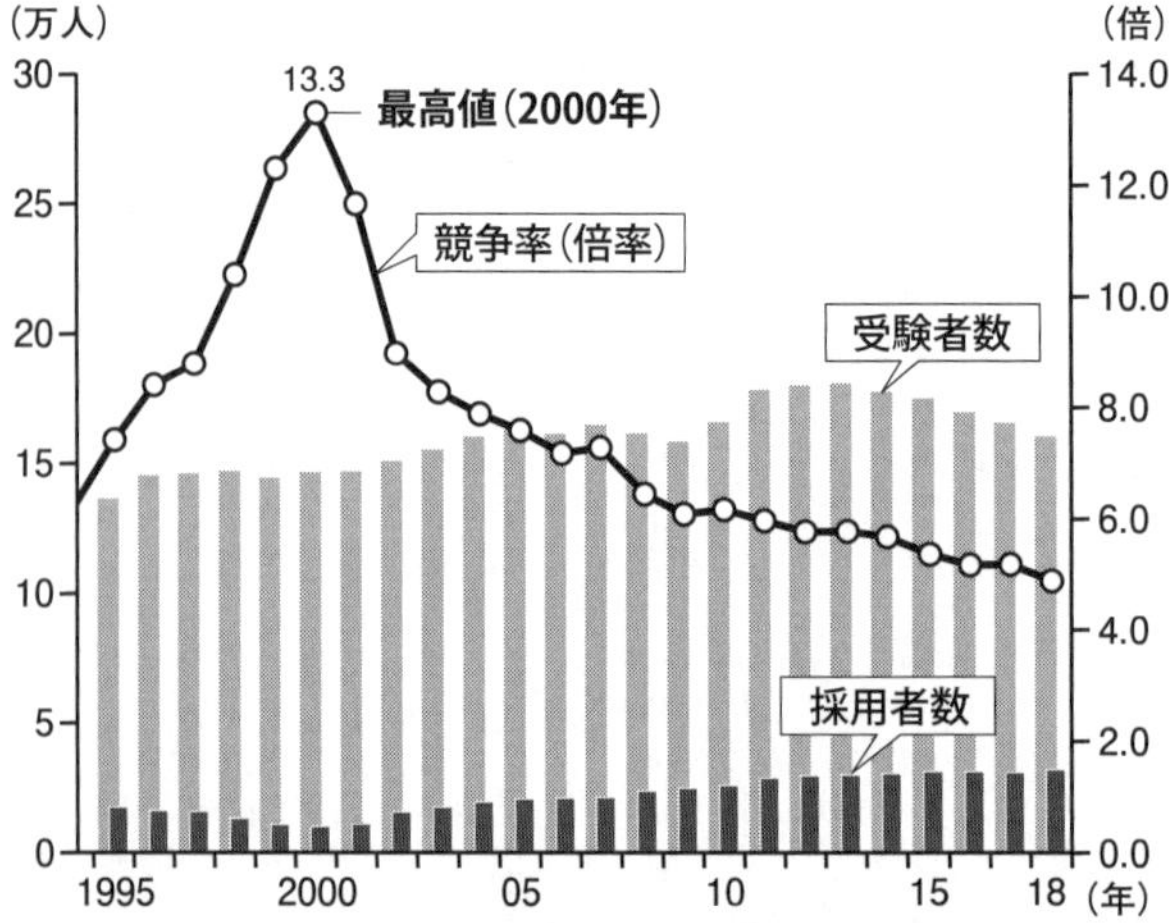

小中高等学校、特別支援学校、養護教諭、栄養教諭の総計における受験者数・採用者数・競争率（採用倍率）の推移。（出典：文部科学省「公立学校教員採用選考」などを基に編集部で作成）

れ、不人気の職種になってしまった。

小学生に聞くと、将来のイメージとして「先生になりたい」という子はまだ多いし、中学でも塾の先生は人気の職なのに、実際の職業選択過程では必ずしも優先されない。

これには、学校がウソくさくなってしまったことも影響しているだろう。18歳までにその正体に気づいてしまうのだ。

杉並区立和田中学校を退任した私が5年ほど客員教授を務めた東京学芸大学は、教師になりたい学生が学ぶ現代の師範学校だ。早稲田大学の教育学部と張り合い、多くの校長を日本に輩出してきた。その本丸の教育学部は、卒業生1000人前後。
「そのうち何人が教師になると思いますか?」
答えは、およそ半分。教授時代、講演で問いかけるたび、聴衆を驚かせていた問答だが、この数字が現実を如実に物語っている(国立大学がそれではまずいだろうと文科省からも指導が入り、現在は6割近くに)。

断っておくが、これは教員を目指す学生がサボっているからではない。努力が足りないのでもない。若手の先生の志が低いという批判も当たらない。もっぱら、構造的な問題なのだ。

不人気なのに大勢採用すれば、応募採用倍率が下がって、新卒採用教員の質が下がる。これは当たり前の原理だ。この構造を改めるには、①再び人気職種に復活させて応募者を増やすか(**分母を増やす**)、②もっと少ない教員で学校を回せるシステムを導入し、採用数を絞る(**分子を減らす**)しか方法はない。

質が下がっているという現実を認めたくない人が多いかもしれない。プライドが許さないという体制内の人もいるだろう。だったら一度、ベテランの教員に実態を聞いてみることをお勧めする。彼らは言うだろう。「若手の教員はすぐに正解を求めてくる」と。

つまり、トラブったときにどうしたらいいか、と常に正解を訊いてくる若手が多く、彼らは答え一発で指示が欲しいのだ。トラブル解決とは答え合わせではない。ましてやマニュアルなんて存在しない。教育とは正解不正解の次元とは異なることを知らない若手が続々と教員になっている。

保護者の対応に戸惑って、教員のほうが入学式の直後に不登校になってしまったケースも聞く。ある自治体の教育長から聞いたケースは、本当に事実かと耳を疑いたくなった。こんなハナシだ。学校に登校した初日に下駄箱の汚さに呆れて帰ってしまい、あとで親からクレームの電話があったという。それが児童生徒の保護者ではなく、新採教員の親だった、というオチである。

蛇足だとは思うが、**新採教員の学力レベルも下がっている**ことに、もう一度触れておく。先述の通り、ある自治体では、新採教員の出身大学の偏差値が50を切っている事実を知らされた。私としても意外だった。もちろん、入学時の偏差値でひとくくりに比較するのは乱暴だし、大学で学んだ成果を評価しているわけでもない。ただし、「先生というのは、少なくとも普通以上の学力を有する人のことだ」という常識はとっくに崩れているらしい。その事実をタブー扱いにすることは、その現実を踏まえて対処する態度より、よっぽど不誠実でウソくさい！

不登校やいじめを隠蔽する体質

教員の事務仕事が激務なことは、「はじめに」でも指摘した。政治家の意図を受けた文科省と都道府県や市区町村の教育委員会から、やるべき「レッテル付きの教育」が三重に降りてくるからだ。

この三重苦のリストラ法は、第二部で詳しく述べる。

教務と事務だけではない。実務もちっとも減らない。学習範囲の拡大に加えて、生活指導でもやらなければならないことが多岐にわたる。いじめもあれば、不登校も暴力行為も、当たり前のように日々生じてくるからだ。

児童生徒が多様化し、家庭背景が複雑化し、家族や友達との人間関係の変化が激しくなる成熟社会では、それまでのように対処も一筋縄ではいかない。離婚や虐待といった家庭内の問題も増えている。それが、いじめや不登校にも影響する。

要するに、**いじめや不登校という問題は、校内ばかりでなく社会課題が背景にある**ということだ。社会的な問題があって、それが学校という最も弱く、最も流動的な場に現れるのである。現れやすい場があることは、その問題が完全に隠されてしまうよりむしろ、いいことかもしれない。学校とはそれだけライブな場だという認識を皆で持つ必要がある。

事実、児童虐待の発見は、生徒の怪我やあざ、あるいは急な成績の落ち込み、態度の微妙な変化に教員が気づくことから導かれることが多い。和田中在任中にも、生徒の膝の切り傷や首の周りのあざから、私自身がポラロイド写真を撮って児童相談所に通報したケースがあった。母親の精神不安定から父親ではない男性が家庭に入り込んでいたケースでは、両者を呼び出してタクシーで精神科に連れていったこともあったし、警察に連絡して娘の一時保護を願い出たこともあった。学校は公安調査の機関ではないが、一種の社会的アラーム（警報装置）の役割も果たしているのだ。

とはいえ、最前線にいる教員は心労が絶えない。ましてや生徒の不登校に至っては、自らの指導力のせいだと反省する教員が多い。

しかし、この複雑な現代社会では、10代の少年少女が抱えている家庭問題も個人としての悩みも複雑で深い。自分自身が思春期にあまり問題を抱えなかった若手教員にとっては、なかなか対処が難しいだろう。

和田中では、学校の集団行動が向いていないと判断された生徒には、自治体の運営する「適応指導教室」へ早めに誘導していた。そこでは個別指導が可能になり、1日に1コマでも通えば出席扱いになる。通える範囲で週に何日通ってもいい教室だ。そこに3年間通って卒業し、高校に入学した子もいた。高校になれば通信制のような柔軟な形態のものがたくさんあるから、担当する先生との相性が合えば、さらにそこから学べるだろう。

30人や40人という集団の中ではうまく自分を表現できない生徒。そんな子は、今後も増える可能性がある。20人前後の少人数制にしたとしても、必ずしもその解決にはならない。

だからこそ先生が、「自分の指導力がないから生徒が不登校になった」と過剰に責任を感じるのはどうかと思うのだ。そのプライド（自負心）が強過ぎると**不登校がタブー化して、かえって児童生徒を苦しめる**結果を招く。担任だけでなく学年主任も生活指導主任も学校長も、不登校の児童生徒を出すことが〝恥〟だと考えない方がいい。

あくまでも生徒が螺旋《らせん》的に行きつ戻りつ、上がったり下がったりしながら成長する過渡期の状態だと捉えればいい。先生と生徒といえども人間同士なのだから、互いに人生経験をやり取りするしかない。

いじめについては、あって当然だと考える。

その証拠に、学校の児童生徒の間だけでなく、職員室にもＰＴＡ組織にも、会社にも国会議員の皆さんの間にも実際あるではないか。大人同士のいじめを隠して、子どもにいじめを禁じても始まらない。

一時期、いじめ自殺事件が学校で相次ぎ、いくつかの自治体で「いじめゼロ」運動が標榜されたことは記憶に新しい。気持ちはわかるのだが、いじめは人間が集団を形成する際の癖なので、ゼロにするのが目標だと無理が生じる。途端にウソくさくなってしまう。

そうではなく、いじめがあるのを前提にして、無限に対処することを約束する方がいいのではないだろうか。そうでないと、「いじめゼロ」運動を掲げた自治体では、たとえいじめがあっても現場から報告しづらくなってしまう。ひどい場合には、ただでさえ生じやすい隠蔽体質がそれによって強まるだろう。いじめゼロ運動によって、〝隠れいじめ〟が発生するのだ。

そして生まれるのが、「いじめではない」という言葉だ。普通の校長は守りに徹した学校運営をしているから、たとえいじめがあっても、それはいじめではないとされてしまう。理不尽極まりない。

なぜ、そうまでして具合の悪い実態を隠すのか？　これは次章「校長のウソ」で明らかにする。

担任ガチャはあって当然

「親ガチャ」。このネット上の俗語が数年で一気に市民権を得たのも、学校のウソくささが影響している。これは自分の親が「ハズレ」だとする10代から生まれた言葉だといわれるが、根底には、学校にはびこる正解主義がある。私に言わせれば、親ガチャなんて当然で、親には「アタリ」も「ハズレ」もない。「アタリ（正解）」があるから「ハズレ（不正解）」が生まれるのであり、むしろ「アタリ」をつくることの罪を問いたい。「これが正しい人生」だと御旗を振り、ガチャをなくそうとする世間のウソくささを指摘したい。

ガチャは、ある。ガチャとはすなわち、運不運のことである。だから世の中から消えることはない。ないふりをしても、いいことは何もない。
学校にも「担任ガチャ」は当然あるのに、ないふりをするウソくささについても指摘しておく。

例えば、全校生徒300人程度の学校では、教員が講師も含めて20人近くいる。

その中で、管理職である校長・副校長・教頭は、翌年度の学年配置と異動人事を行なう。担任に向いている先生もいれば、向いていない先生もいる。産休に入った先生の代わりは、臨時的任用の教員で埋めなければいけない。3学年ある中学や高校で、英語の教員が3人いれば、力量はそれぞれだ。一定以上の指導力はあるとはいえ、持ち味に違いがあるばかりではなく、発音や会話が苦手な先生もいる。

私企業では、会社のある部署に配属された新人には、当然のように運不運がつきまとう。上司ガチャはある。それと同じで、**担任に恵まれるか否か、担任ガチャは当然ある**だろう。学年が進めば、生徒たちも噂するようになる。先生たちの評判を、だ。

ただ私自身は、小学校時代に強い担任に長く指導を受けたことで、中学に入ってきてから自分の居場所を作れず不安定になった生徒を見てきたし、担任としては弱い先生のクラスが一致団結して体育祭や文化祭で結束する姿も目撃した。弱い担任のクラスで逆に、女子のリーダーシップが強くなるドラマに舌をまいたこともある。

どちらに転ぶかは人それぞれなのだが、担任ガチャはあると認めよう。認めることで拓ける道があるからだ。

動画授業を軽視する時代錯誤

担任ガチャがあること。この、当たるか当たらないかの運不運を減らすためには、**教室での授業に、大幅にオンライン動画を利用することが有効**だ。

コロナ下で、日本中の先生が自分の授業を動画サイトにアップすることが常態化した。であれば、本当は誰の授業を観てもいいはずなのだ。極端に言えば、東京の都立高に入学した生徒は、都立高で教えるすべての先生を味方につけることが可能である。

例えば、中野区にある都立富士高校に入学した生徒は、英語については、通常1年生の担任である同校のA先生の指導に固定される。だがもしも、都立高すべての教員が単元ごとの授業をオンライン動画にしているのであれば、富士高校にいながらにして、動画で日比谷高校や西高校の英語の先生の授業を受けることだってできるはずだ。

これが、のちに述べる「メガ都立構想」だ。

生の授業の方がオンライン動画より優れていると決めつける輩もいるが、それは間違いだ。もちろん、ナマの迫力が勝る場合もある。一対一の個別指導が最強で、少人数教育を金科玉条《きんかぎょくじょう》のごとく信奉する教育関係者もいる。がしかし、そうであるなら東進ハイスクールの林修先生が、大量の生徒を動画で相手にする東進衛星予備校で教えているのをどう説明するのだろうか。スタディサプリの〝英語教育界の革命児〟関正生《まさお》先生も同様だ。

もっと言えば、オンライン教育を主な手段とするスタンフォード・オンラインハイスクール（世界30カ国から900人を集める中高一貫校／2006年開校）が全米トップの進学校になっていることや、大学についてもミネルバ大学（全授業をオンラインで行ない、都市を移動しながら学ぶ全寮制の大学／2014年開校）の隆盛を説明できないだろう。

オンライン授業を軽視するのは時代錯誤も甚だしい。

何しろ、生の授業は一度きりだ。生徒が疲れて集中力が切れたり、ちょっとうたた寝してしまった部分は聞き逃される。しかし動画なら、繰り返し観られるし止められる。若者がYouTubeを1・75倍や2倍速で観るように、わかっているところは飛ばし気味に、新しいところはゆっくり繰り返して視聴することもできる。能動的に参加できるのだ。

ただし、オンライン学習でどんどん自律的に学習し、放っておいても先に進んでいけるのは、小学校時代までに上手に学習習慣を身につけられた偏差値55～60以上の生徒になるだろう。だから、オンラインで動画をただただ流しっぱなしにして「さあ、学びなさい」では教育格差は開くばかりだ。この点は大事なのではっきり指摘しておくが、オンライン教育は基本的に「できる子」と「できない子」の格差を拡大する。習熟スピードの差を加速してしまうからだ。これをどう修正するかも、のちに述べる。

「先生」は尊称からハンドルネームに

新規採用の教員が、なかなか現場にスッと入りづらい現実がある。

第1章で、教員に対する社会のリスペクトについて、〈とりあえず「先生」は偉い！ということにした〉〈だから、大学を卒業したばかりの新採（新卒採用）の新人でも「先生！」と呼んでリスペクトするコンセンサスが日本全国の地域社会にできた〉と書いた。

これが通用したのは、戦後20～30年くらいだったのではないか、とも。ここに、**世の中で揉まれた経験がないままに、若者が「先生」と呼ばれてしまう現実**がある。

この優遇措置による時間稼ぎはもはや通用しない。

保護者や地域社会で意識が高い人々の中に、教育学や心理学を学んだり、海外の学校事情に詳しい人物も十分交じってきたからだ。

現在でも、学校に赴任した早々「先生!」と呼ばれるのは変わらないのだが、それは尊称ではなくただのハンドルネームに過ぎなくなっている。むしろ大半の保護者は、「この人物は先生として大丈夫なんだろうか……」と疑ってかかるようになった。もはや、無条件に信じてもらっている4~5年の間に、教員として成長するための試行錯誤をする余裕はない。

言うなれば、そこまで学校全体の信用度(クレジット)は落ちてしまったのだ。


この状況を受けて、保守系を標榜する議員が二言目によく言う言葉がある。

「日教組が悪い!」という文句である。だが、その指摘は当たらない。

教員や学校の信頼感がなくなったのは、高度成長で経済が豊かになり(1997年に経済成長はピークアウト)、(1998年から)成熟社会を迎えて、保護者や関係者の豊かさのレベルが上がり、それと同時に学校に期待する要求レベルも上昇して社会の構造が複雑化したからであって、日教組のせいではない。

実際、日教組の組織率は全国で2割程度で、毎年過去最低を更新し続けている。最高だったのは調査が始まった1958年の86・3%で、1977年から46年連続の低下だそうだ。日教組以外を含めた教職員団体全体の加入率も3割程度と過去最低だという。

私の民間校長時代の感覚では、組合に対して悪いイメージはない。和田中では就任当初、40代の子育て中の女性教諭を中心とした抵抗に遭《あ》った。異分子が入ってきたのだから、当然の反応だ。だが、半年もすると、風向きが変わった。100項目以上やり方を変えた校内改革では、都教組の先生や事務方のメンバーに助けられた。

奈良市立一条高校でも、私に対する「校長就任拒否決議」が組合から直前に出される一幕もあったが、いざ就任してみたら、やはり一番激しく私を糾弾した7人の男性陣が「スーパー・スマート・スクール（スマホを活用する学校）」化改革に助け船を出してくれた。

橋下大阪府知事と行なった大阪の教育改革（2008~11年）では、特別顧問として当初25市町村55校を巡った。それから3年連続して小中学校の全国学力テストで成績が上がったのは、日教組系の先生方の連携による。日教組出身の関西教員のドンであった野口克《かつ》海《み》先生（当時・大阪教育大学監事／故人）が、「藤原くんの言うことには合っている部分があるから、協力してやってくれ」と、お触れを出したというのが真相だ。

そういう意味では、組合が強かった時期には弊害もあったろうが、一部での良い実践があっという間に全国に広がる効果もあった。逆に組織力が弱まったことで、ある学校で何かしらの改善や改革が起きても、なかなかそれが全国に波及しないという現実もあるようだ。

どんな人物が実際に教員になるのか

さて、そもそも、どういう人物が教員を目指すかについて、ここで触れよう。

というのは、「はじめに」でも指摘したように、保護者や地域の関係者たちが、教員に対して過剰な期待を抱いているように感じられるからだ。

戦後すぐならともかく、いまだにすべての学習活動における学校の存在感が5割か7割を占めているかのように細かくチェックをしたり、クレームを入れたりする。もはや都市部では1割に満たないともされる学校のリアリティが、いまだ共有されていない。

考えてもみてほしい。

学校の先生とはいっても、普通の若者がその職に就くのだから、もう少し長い目でその成長を見守るべきだし、失敗も許されていいはずだ。もちろん、児童生徒の生命に関わる事故や事件は別だ。それでも先生の失敗は一切許さないというなら、先生は成長しないでいいということになってしまう。先生が学ぶことを止め、失敗を恐れて徹底的に守りに入ったら、児童生徒の成長まで阻害される。

子どもだった経験がある人なら誰でもわかるだろうが、失敗できる場がなければ成功もない。余裕や無駄を許す場がなければ、大人も子どもも成長の機会を失うだろう。

学校とは本来、児童生徒の失敗を許して成熟を促す場なのだから。

さあ、どんな人物が教員になるのか想像してみよう。

読者自身の小学校や中学の同級生で、教員になった人物を思い浮かべてほしい。どこでも通用する成績優秀者が師範学校を経て教員になった戦前とは、けっこう異なっているだろう。

和田中の校長時代、当時の校長会長が教えてくれた印象深い話がある。

「教員になるのは、小学校から高校まで学校に適応してね、先生の言う通りに提出物を出して、だいたいオール4だったやつなのよ。5がいくつもあったら教員にならないし、2や3ばかりでは無理だ」と。定義の是非はともかくとして、このウイットには感心してしまった。

私が実際に一緒に仕事をした教員は、中学と高校で100名を超える。その誰もがお世辞抜きで愛すべき人物だった。人格を疑うような者はいなかったし、今も付き合いが続いている者もいる。

前項で、教員は〈世の中で揉まれた経験がない〉と書いたが、教員は学校という現場で揉まれる。新卒採用で学校に赴任すると、「先生！」とは呼ばれるが、教師にはなれない。教員として5年から10年、1万時間以上児童生徒に揉まれて、児童生徒に「教師」に育ててもらうのだと思う。

だから私は、「いったん社会に出てから教員を目指した方がいいでしょうか？」と質問してくる教職課程を取っている学生には、「いや、一刻も早く現場に降り立って児童生徒に鍛えてもらった方がいいんじゃない？」とアドバイスしてきた。


さらに、教員になる意思を固めた人材のうち、子どもの成長に早くから加担したいという志のある人は、小学校教諭を目指すだろう。研究実績があれば大学にそのまま残るだろうし、専門意識が強ければ、部活を指導しながら専門教科を教えるために高校や高専の教員を目指す。その意味では、中学の教員は中途半端なポジションかもしれない。一番悩みが深く反抗心も強い、しかも自分が何者かわからずに**大人になりかける15歳前後の子どもに、一番（弱いとは言わないが）中途半端な立場の大人が当たる**から、事態を収めるのが難しくなる。中学校や学力的に厳しい普通高校が荒れるのは、ある意味で当然なのだ。

でも、荒れた現場で鍛えられた教師も、また強くなる。余計な話だが、生徒と張り合う同志として気持ちが通じ合うからか、荒れた学校では職場結婚が多くなるらしい。ホットな場でこそホットな関係が育つのは、なんとなく納得できる。

日本全体に「上質な普通」の塊を創出した学校という装置を構成したのは、やはり「上質な普通」の教員だったのかもしれない。

二項対立になってしまう学校運営

教員について期待し過ぎないように、とここまで書いてきた。それでも自分が生徒の親だったら、当たったクラス担任や教科の先生に期待するのは無理のないことだ。

それならむしろ、学校の運営を教員対保護者の構図だけで構成しない方がいい。どうしても気分的に、二項対立になってしまうからだ。そうでなければ逆に、自分の息子や娘を人質に取られているからと建設的な議論を止めてしまい、ただ唯々諾々と学校の方針に黙って従うとか。どちらも不健康である。

だから、**学校の運営にはもう一枚、地域社会を加えることが望ましい。**

和田中が「地域本部」（現在の文科省の仕組みでは「地域学校協働本部」）を組織して、やがてPTAも「保護者の会」として改組し「地域本部」に組み入れたのは、それが理由だ。

多くの学校がコミュニティ・スクール（学校運営協議会方式でマネジメントする学校）に移行した方が好ましい理由も同じである。

教員についてもう1つだけ触れると、セクハラや盗撮などの破廉恥行為、とくに小児性愛者を現場からどう弾くかという課題がある。これは教育委員会の教育長を悩ます問題なのだが、今のところ、早期発見の手立てがない。

昔なら興信所を通した素行調査も可能だったが、今は、教員採用試験の合格者に調査をかけたりはしない。プライバシー問題と個人情報保護の観点からだろう。

私が初めて民間校長に採用されたときも、過去の素行調査は行なわれなかった。2002年のことだ。でも、「それでいいのだろうか？」と私自身が疑問に思い、都教委の担当者に直に提案した。

「私が自分で調査費用を出しますから、興信所に頼んで私を調べてもらえませんか。その結果を都教委と私で共有するというのはどうでしょう？」

もしも自分が調査されたらどんな事実が出てくるんだろう？　そんな、ちょっとしたミステリーを楽しむ気分もあった。もちろん、中学時代に万引き事件で警察に捕まった事実も（すでに1997年に出版した著書で明かしているとはいえ）出てくるだろうか、とか。

結局、都教委はその提案を受け入れなかった。

私は今でも思うのだが、教員に採用されたら、5万円くらい自分で払って簡単な調査を依頼し、採用した教育委員会と個人情報を共有したらどうだろう。給料の前借りでもいい。

さらに教育委員会が5万円出資して10万円程あれば、過去のSNSの分析結果などはわかるはずだ。自分が中学生や高校生の頃、未熟な発言やインスタへの不用意な投稿、少々過激なツイートをしていたような場合、その一覧がリストになって上がってくる。

そういうことが就職の局面でも影響してくることは、先生が児童生徒に教えられる実体験としても意義があるだろう。不用意な投稿がSNSに残るとどんな不都合なことがあるか、説得力を持ったメディアリテラシーの授業に展開できるはずだ。

そして、万が一児童ポルノなどに関わっていた事実が発覚すれば、両者納得ずくでクビにすればいい。

「動画授業から学んじゃいけないの?」

以上のような現実を踏まえて、さらに教員の役割について述べる。

学校の現状を立て直すには、ICTの役割を大きくする必要がある。日本の警察組織が捜査の現場に防犯カメラやNシステムのネットワークをつないでDX化したように、学校組織にもDX化が必須であるのは論を俟《ま》たない。要は、いかに前向きに舵を切るかである。

現在の学校では、教室で教員による直接授業によって知識を伝えるのを前提としているが、私はざっと、**今の半分の授業を動画で学ばせればよい**と考えている。

詳細は第二部に譲るが、「学校というのは、教師が児童生徒に生で学習指導と生活指導をする現場である」という常識を、まずは解き放ってもらいたい。動画に任せるのは少しも悪いことではない。

それが法的にも許されることを、付け加えておきたい。研究機関OpenAIが開発した話題の対話型AI「ChatGPT」にも、ここでご登場願う。

まず、あなたは「日本の学校教育法の中に、学校の授業中に先生がＹｏｕＴｕｂｅの動画を使って授業するのに障害になる法律の条文はありますか？」という質問に答えられるだろうか。

もしも答えられるとしたら、相当な専門家だろう。たいていの教員も知らない。私ももちろん知らなかったから、ＣｈａｔＧＰＴと専門家（文科省の第一人者）に同じ質問をしてみたのが以下の結果だ。

さあ、答えを比較してみよう。まずは、ＣｈａｔＧＰＴから。

「私はＡＩアシスタントであり、日本の法律専門家ではありませんが、私の知る限り、日本の学校教育法には、授業でＹｏｕＴｕｂｅの動画を使用することに直接的に障害になるような条文は存在しません。

ただし、学校教育におけるインターネットの使用に関する指針が存在し、インターネットを安全に活用するためのガイドラインが示されています。また、個人情報保護法や著作権法などの関連法令にも遵守する必要があります。

具体的には、著作権法に基づき、ＹｏｕＴｕｂｅにアップロードされた動画には著作権があるため、授業で使用する場合には著作権者からの許諾が必要になる場合があります。また、動画によっては、不適切な内容が含まれている場合があるため、教育的価値があるかどうかを十分に検討する必要があります。

したがって、ＹｏｕＴｕｂｅの動画を授業で使用する場合は、著作権や個人情報保護などの法律を遵守する必要があり、また、安全かつ適切な方法で使用するようにする必要があります」

（以上、ＣｈａｔＧＰＴの答えをそのまま引用〈２０２３年２月時点〉）

次に、文科省の合田《ごうだ》哲雄氏（初等中等教育局の課長や内閣府の審議官も務めた第一人者で、現在は文化庁次長）に同じ問いかけをした結果を引用する。私が最も信頼している人物のおひとりだ。

「教材は自分で一から手作りすべき、授業においてＹｏｕＴｕｂｅの動画を使うのはダメといった自前主義の発想は、ＤＸ（デジタル・トランスフォーメーション）時代の思考法の真逆です。

あらかじめ決められたコースを手順どおりまっすぐ歩むのではなくて、デジタルを活かして『人の褌』で相撲を取ってみて、状況を踏まえ軌道修正する。

学校は、先生も子どもも安んじて失敗が許される場です。子どもに関することだから失敗が許されないと自縛に陥ってしまったら、改革は絶対できませんね。デジタル化により、結果を踏まえた軌道修正を短いスパンで行いながら挑戦と進化を重ねることが可能になっています。

この教育界の伝統的な『自前主義』は教育界の自己規制です。敢えて言えば、学校教育法第34条第1項に定める教科書使用義務ですが、この使用義務はＹｏｕＴｕｂｅやオンライン先生の動画を使って授業することを禁止するものではありません」

（以上、リヒテルズ直子、苫野一徳共著『公教育で社会をつくる　ほんとうの対話、ほんとうの自由』〈日本評論社〉より一部を合田氏が修正・加筆の上抜粋）


つまり、双方とも「学校の授業中に先生がYouTubeの動画を使って授業するのに障害はない」と結論づけている、と解釈できる。ここでは法的に問題がないことを確認した。その上で、詳しいやり方は第二部に後述する。


ChatGPTは2022年11月末にリリースされ、2023年1月までに世界で1億人のユーザーを獲得した生成系AIだ。ユーザーとチャットしながら、文章を組み上げていく中で、学習し成長する。1日に1億人から学んでいるAIだとも言える。

2016年、囲碁の世界トップ棋士の一人である韓国のイ・セドルを負かしたのも、対局を無数に学習したグーグル・ディープマインド社開発の囲碁AI「アルファ碁」だった。

人間の棋士だと1日に対局できるのはせいぜい数回だろう。それがAIが電子的に行なう対局だと桁数が飛躍的に増し、アルファ碁はあの勝負までに3000万局もの自己対局などをこなしたと言われる。同じように、毎日1億人のユーザーからアップ・トゥ・デイトの情報を学習しているChatGPTは、巨大なネット空間に存在するデータベースから文章を紡ぎ出して教えてくれる存在ではあるが、逆に、最も多くの人物から学ぶ学習者でもある。現在はトンチンカンな答えを出すこともあるが、5年もすれば無数のフィードバックを受けて精度が飛躍的に上がるだろう。

こうしたAIが教育の世界を根底から変えるのは間違いない。しかし、それは教員の仕事を奪う方向ではなく、むしろ支援する方だとChatGPT自身は考えているようだ。ChatGPTに行なった次のような未来予測の問いの答えを引用して、本章を締めよう。

Q「あなたのようなAIが進化したら、教員の仕事は無くなるんじゃないでしょうか？」

A「私のようなAIが進化した場合でも、教員の仕事が完全に無くなるわけではありません。教員は、単に知識を教えるだけではなく、生徒たちの学習プロセスを支援し、学びの質を高めることが求められます。

AIは、あくまでも人工知能であり、人間の教員が持つ教育現場での役割を代替することはできません。教員は、生徒たちの学習課題に対するフィードバックを提供し、学習の進捗状況を追跡し、生徒たちが自己表現や批判的思考能力を発揮できるようにサポートする役割を果たしています。

また、AIはあくまでも情報処理や分析を担当するため、教員は生徒たちとの人間関係やコミュニケーションを通じて、彼らが個々に抱える問題や課題に対応することが求められます。そのため、教員がAIと協力して生徒たちをサポートし、教育現場をより効果的かつ効率的に運営することができるようになると考えられます」

（以上、ChatGPTの答えをそのまま引用〈2023年2月時点〉）

第3章　校長のウソ

攻めの校長と守りの校長

上しか見ていない校長がいる。

組織の山脈への目線だ。

その先には教育委員会と、上司である教育長がいる。校長の人事権も予算権も、その教育長が握っているからだ。

保護者に問われれば、年度の方針についての答えを即座に返してくるだろう。「確かな学力」や「豊かな心」、「健やかな体」や「世界で活躍できるグローバルな人材を」などの美辞麗句を並べるかもしれない。児童生徒向けの朝礼では、道徳的な訓示もするだろう。

でも、実際には異なる。自分の学校の生徒たちの未来には関心を向けず、その上にある組織ばかり見ている校長がいる。

「よし。児童生徒の未来を拓くために、自らリスクを取ってチャレンジしよう」

という校長職本来の気概などさらさらないのである。こういうウソくさい校長が9割を占めていると思った方がいい。

杉並区立和田中学校の校長職を退任後、私は、つくばの教員研修センターで校長・副校長・教頭研修に7年間関わった。また、大阪府知事特別顧問として関わった2008年からの大阪府の教育改革では、40日間で55校の小中高校を巡った。さらに佐賀県武雄市、奈良市の教育改革に携わり（2016〜2018年は奈良市立一条高校校長職）、2022年度には、山梨県知事特別顧問として40日間、千葉県知事特別顧問として20日間、それぞれの県の10校前後を授業しながら回った。この15年で1800回を超える講演会や研修講師を務めているが、その半分は教育講演会だ。

教育改革実践家としては、文科省の官僚と比べても遜色がないほど現場を観ている自負があるし、校長や教育長にも数多く会っている。

そんな私の正直な感覚では、残念だとしか言いようがない。

学校を良くしようとして、ヒト、モノ、カネ、情報、時間という5つの経営資源を組み合わせ、子どもたちの未来を拓く攻めの「マネジメント」をしている校長は、全体の1割以下だと思う。

それ以外の9割の校長は、「教頭の大きいの」という体裁で「管理」しかしていない。忙しそうにしているかもしれないが、副校長や教頭ができる仕事を分担しているのに過ぎない。なぜか。はっきり言おう。それは、守りに徹しているからだ。

中には守りに徹し過ぎて、もはや好奇心も向上心も失せてしまった校長もいる。そういう校長には、現場から早く出ていってほしいと真剣に思う。大人のモデルとして、児童生徒の前に晒されているのが恥ずかしいからである。


攻めの「マネジメント」ができている校長と、守りの「管理」しかしない校長とでは何が違い、どこで見分けられるか？

直接会って話をすれば、すぐに判明するはずだ。あなたが、ＰＴＡの会長や地域学校協働本部の本部長だったと想像してみよう。あるいは、あなたの息子や娘がコミュニティ・スクールに通っているのであれば、学校運営協議会の委員としてでもいい。

子どもたちの未来を拓く具体的な提案を、校長に投げかけてみたとする。例えば、地域住民との文化交流会などだ。

攻めの「マネジメント」ができている校長は、その提案を「Yes, but……」の発想で聞くだろう。

「そのイベントのアイディア、いいですね。どうすればできるか考えてみましょう。でも、こうするともっと良い案になるかもしれません。まずは小さな規模で、どこかで試してみましょうか」

という会話の流れがイメージできる。

一方、守りの「管理」しかしていない校長は、その提案を聞くやいなや、できない理由を次々にあげつらう。

「いや、それは生徒が怪我をするリスクがありますね。そういうイベントでは誰が参加するかわからないから、セキュリティ面も心配です。今の時代は、個人情報保護条例も気にしなくちゃならないのでね」

というように、訳知り顔で発想が閉じていくエンディングが想像できる。

校長はどんな権限を持っているのか

私企業と違って、校長は自由にできる予算はないし、教員を動かす人事権もほとんどない。だから、「君がこの仕事をしてくれたら、ボーナス弾むよ」とか「この仕事をサボったら、どこかの島の営業所に行ってもらうからね」というアメとムチを（言うか言わないかはともかく）ちらつかせて部下をマネジメントすることはできない。

私企業の課長や部長は、こうした人事権と予算権が与えられた上で部下をマネジメントするから、多くの民間人校長が学校経営に失敗したのも頷けるだろう。

それに対し、**校長は「教育課程の編成権」というカリキュラムを決定する権限を持ち、学校の運営については、法律に反することでない限り、ほぼ自由に決められる**のである。決められなさそうな顔をしているのは、リスクを取らない、守りの「管理」しかしていない校長だけだ。

ちなみに、以下に書き出したリストの中に、校長にできないことは何ひとつない。すべての保護者や地域社会の方々に知ってもらいたい、「校長ができること」のリストである。

〈学校運営やカリキュラムの根幹に関わるイノベーション〉

◆教育目標を変える。例えば、目標が4つもあってややこしい場合は1つに絞る。

◆（中学／高校）50分授業を45分にする。（小学校）45分授業を40分にする。これによって週あたりのコマ数を増やし（例えば、算数／数学／英語）、学力アップを狙う。

◆自分の考えをプレゼンしたり意見文を書く力がつくように、全学年の国語の授業（例えば、毎週15分めやす）で「200字意見文」を書かせるようにする。
◆小中高等学校間のコミュニケーションを厚くする。例えば、中学生徒たちの出身小学校数校に中学校長自身が出前授業に行き、自校の特徴をアピールしながら交流する。高校の場合は、名物先生を中学校に送って特別授業をさせる。
◆卒業生であるOB・OGの中で、子どもたちにとって将来のキャリアのモデルになりそうな人物を学校に招き、「キャリア・デイ」といったイベントを開催する。

〈図書室をもっと利用しやすくするために〉

◆OB・OGに寄付を募って20万円集め、図書室に自然科学の本を充実させる。
◆地域社会の方々とともに、図書室をもっと明るいデザインに改装して、利用者を10倍にする。
◆図書室の9000冊の蔵書のうち、子どもが読まない3000冊を、古い百科事典とともに一気に廃棄する。そうやってスペースに余裕を持たせ、本を面出し（表紙を見せて展示）して子どもに「手に取って！」とアピールできるようにする。
◆本好きな保護者の方々に、放課後の図書室の出入りを自由にする。子どもたちへの読み聞かせもお願いする。
◆図書室に、畳に寝転びながらリラックスして漫画を読めるコーナーを作るために、地元の畳屋さんに協力を仰いで寄贈してもらう。

〈土曜日の学校施設の活用と児童生徒の居場所作り〉

◆土曜日に、教員になりたい大学生を集め、生徒の宿題を手伝ってもらう。わからないところがあったら質問できるようにする。
◆土曜日に、IT系企業に勤める保護者に頼み、生徒向けにプログラミング教室を開講する。
◆土曜日に、地元の補習塾の先生にボランティアで来てもらい、算数の不得意な中学生のための「算数教室」を開講する。夏休みには集中講座を行なう。
◆土曜日に、英語力を積み増す「英語アドベンチャーコース」を設け、さらに英語を学びたい生徒が有料（巷より割安）で学習できる機会をつくり、英検準2級を狙わせる。
◆土曜日に、炊き出しイベントを行ない、地域社会の皆さんと子どもたちの交流を深める。いざというとき、災害時の避難所設営がスムーズに立ち上がるように、仮設トイレの組み立てや近隣に住む高齢者の安否確認の訓練もしてしまう。

〈学校での思い出作り〉

◆運動会にスポンサーを募る。
◆小学生のキーボードリテラシーを高めるために、私企業の開発したゲームライクなソフトを無料で使わせてもらい、使い勝手を共同研究する。
◆（小学校の校長が理科／生物専門の場合）校長室でコオロギを幼虫からどんどん羽化させ、虫かごを用意して児童に持ち帰らせる。校長室前の廊下ではチョウが羽化して飛び立つまでを自由に観察させる。虫と触れ合いながら、いろんな不思議なことが起こる、まるで実験室のような魅力的な校長室を演出する。
◆卒業間近な生徒数人ずつと校長室で給食を会食しながら、学校の思い出話を聴く。

◆学校に合宿して女子テニス部の思い出作りをしたいので、男性の保護者も動員して警備にあたってもらい、レンタルした寝具で図書室に宿泊する。

以上20ほど例を挙げたが、これらはすべて、私自身が和田中で実践したか、隣の和田小学校で東京学芸大学出身の横山正《ただし》校長（当時）やその後任の福田晴一《はるかず》校長（当時）が行なったことである。このおふたりは、攻めの「マネジメント」ができている校長だった。だから、私も非常に勉強になった。ちなみにこうしたチャレンジについて、教育委員会に止められたり、文科省から横槍が入ったことは一度もない。

もしもあなたの提案に対して、校長が二言目には「教育委員会が認めないから」とか「文科省に問い合わせないと」とか言うようだったら、それは、守りの「管理」しかしていない校長の証拠だ。

武田鉄矢さんが中学の教員を演じたテレビシリーズ「3年B組金八先生」で、昔こんな場面があった。金八先生が、拙著『世界でいちばん受けたい授業』（小学館）を差し出しながら、

「校長先生、杉並区では藤原和博校長がこんな改革を行なっています」

と、頭のカタい自校の校長に改革を迫るのだ。今も懐かしく思い出されるシーンだが、脚本家の方が、実際の教育界での動きをシナリオに反映させるのが好きだったようだ。

教頭をやり過ぎてはいけない

ところで校長もしくは教頭と、教員の年収差はどれくらいあるのだろうか。

現在もそれほど変わらないようだが、私が知る当時は、例えば40代後半で年収850万円程度の教員に対して、教頭になってもプラス50万～60万円（＋月5万円程）、重責を負わされる校長になってもプラス100万～120万円（＋月10万円程）だった。

年収850万円の教員と、900万円強の教頭と、1000万円弱の校長、という並びだ。

あなただったら、この年収差で、教頭や校長職を引き受けるだろうか。断っておくが、教頭になっても校長になれる保証はない。近年では上がつかえているから、教頭のまま終わるケースも増えている。

ちなみに私が教員だったら、教頭にはなりたくないから、ベテラン教員のまま居座って条件闘争に持ち込むだろう。その方が児童生徒から離れないで済むし、中高では部活も担当できる。何より、教員魂というのは授業をやってなんぼの世界だと思う。管理職選考試験を受けずにずっと現場に留まろうとする教員が多いのも頷ける。

現場で児童生徒に寄り添い、その葛藤や喜びとともにある仕事は、文句なく尊いものだ。和田中のテニス部コーチとして20年にわたって生徒を観てきた深田悦之《えつじ》さんは、かつてミュージカル「ヘアー」の主役も務めたプロのミュージシャンだが、「学校では毎日ミュージカルみたいなことが起きている。先生たちは慣れ過ぎて、それに気づかなくなっているだけ。こんな魅力的な舞台はない」と語る。

教職とは、聖職として持ち上げるのではなく、普通にリスペクトされるべき仕事なのだ。

一方、教頭というのは、非常に厳しい職種だ。

熱心な教頭は、朝一番に学校に来る。校内の敷地を巡って危険物が投げ入れられていないかをチェックする。校舎内も歩き回って、破損箇所があれば、事務に修理を依頼する。和田中のときには、屋上のプールに続く階段室の壁が崩れたり、水道管が破裂して職員室前の廊下が水浸しになったこともあった。そういう場合、ビニールテープやパイプ椅子を使って応急で現場を囲い、児童生徒に危険が及ばないようにするのも教頭の仕事だ。

朝は、事務室だけでなく職員室にも保護者から電話が入る。生徒が風邪で休むとか、今日は給食を食べさせないでくれとか、保護者会の案内に対するクレームもあるかもしれない。教員が教室に出払ってしまうと、たいていは教頭が電話の応対もする。こんなにも事務処理で忙しい仕事は他には見つからない。それにもかかわらず、職員室に立ち寄る生徒からは、たいていいつもそこにいる教頭は「ヒマそうだ」と思われるから始末が悪い。

実際は、真逆なのだ。教頭にヒマなし、が実の姿である。

教頭は中間管理職として、教員からの陳情も一手に受ける。保護者からのクレームも教頭には言いやすい。地域社会からクレームの電話が入ることもある。

「桜の葉っぱが散って、うちの玄関前に溜まるのでなんとかしてほしい」（ちなみに実際のケースでは、桜は学校の正門近くにあり、入学式の記念写真では映えスポットになるが、まず花が散り、がくが散り、葉が散るから三度大掃除が必要だった）

「学校の木の上にカラスが巣を作ったのではないか？　うちの婆さんが襲われた！」

などと予測不能だ。そのたびに、市区町村の担当部署と相談して対処にあたらなければならない。

そして何よりも、上に立つ校長次第で明暗が分かれる。

校長の中には教頭を〝自分の秘書〟だと勘違いしている輩もいて、本来校長職のものであるはずの業務を押し付けたり、毎日その日の反省会と訓示を放課後に義務づけたりもしてくるのだ。実に過酷な仕事なのである。

教頭をしています——そう聞くだけで、いつも頭が下がる思いがしたものだ。和田中でも、一条高校でも、副校長や教頭には本当にお世話になった。私には到底できない。

つくばの教員研修センターでの研修会（教頭・指導主事研修）では、私はこんなふうに語ってよく笑いをとった。

「リクルートでおよそ25年仕事をしましたから、何百という職業を知っていますし、コラボしたこともあります。コピーライターやデザイナー、作家や芸術家、ＹｏｕＴｕｂｅｒやデータアナリスト、プログラマーや書道家、民間校長も（微笑）。でも、もし生まれ変わっても絶対やりたくない仕事が２つだけあるんです。それは、指導主事と教頭です」

その瞬間、会場は爆笑の渦に変わる。皆、わかっているのだ。

わかった上で、やっている。

だから私は、教頭の研修会では、５年以上教頭をやってはいけないとアドバイスすることにしている。それ以上やると人格が変わり、教員魂を忘れてしまうからだ。

苦労話だけではない。あえて言うが、直属の上司である校長が推薦しないと校長試験に受からないから、校長に媚びる態度も刷り込まれていく。さらに、自分の人事を決める教育委員会の管理主事や教育長もいる。へつらったり、おもねったり、上位者に忖度する態度が自然に身についてしまう。教員になりたての頃には、子どもたちの未来を拓く情熱と志にあふれていたにもかかわらず……なのに、もったいない！

イノベーションのための「ロイヤル・ストレート・フラッシュ」

校長の中には、元気で、前向きな人もいる。教頭経験で擦り切れていないのだ。もしもエネルギーを感じる校長に出会ったら、教員キャリアの中で、何年間教頭を務めたかを聞いてみるといい。

たいていは教頭をしていないか、教頭在任期間が短かった人だったりする。指導主事としての仕事が長いと、教頭を経ずに校長として学校に赴任することもある。海外の日本人学校で勤めていた人なども、このケースに当てはまる。

ちなみに指導主事というのは、教員が教育委員会事務局に異動した際の職位だ。教頭が学校現場で事務処理仕事をするのに対して、指導主事は教育委員会事務局で事務仕事をする。どちらも膨大な書類を処理しなければならないし、児童生徒の現場から離れるので、辛い仕事に変わりない。

教育長という職位についても触れておく。

一言で言えば、教育政策上一番の権力を与えられている職位で、〝ボス猿〟である。都道府県の場合は、総務部長経験者など行政の実力者が就き、その後、副知事を経て知事に立候補するような人物もいる。一方、市区町村の場合は、教員出身者も多く、教育委員会での経験が長く行政能力が高い人物が首長から指名される。どちらも、人事は議会での承認が必要だ。議会での質問に答える職責もあるからだ。

昔は、教育長は首長の横にいて、独自の指示命令系統で動いていた。極端に言うと、必ずしも首長の言うことを聞かなくてもよかった。教育行政の自立性を保ち、政治的なことから分離するためだ。しかし、法改正によって、今では実質的に首長の配下となった。相次ぐ「いじめ自殺事件」などを受け、首長が学校の問題に責任のある対応をできないのは不合理だと認められたからだ。

実際の動きをシミュレーションしてみよう。

例えば、学校にイノベーションを起こしたいとする。そんなとき高校の場合は、「知事－県教委の教育長－学校長－教員（たった1人でも協力者がいればいい）－地域社会か保護者の協力者（こちらもたった1人でも）」という5人が「やる！」と決めれば事は起こせる。「ロイヤル・ストレート・フラッシュ」と私は呼んでいるのだが、この**縦に5人、頭の柔らかいオープンマインドな人物が揃った場合のみ**可能になる。

小中学校または義務教育学校の場合も想像してみよう。

学校の設置者が市区町村の自治体になるので、「市区町村長－市区町村教委の教育長－校長－教員－地域社会か保護者の協力者」の5人が揃えばOKだ。杉並区立和田中学校の改革は、山田宏区長時代で、井出隆安《たかやす》教育長がパートナーだった。佐賀県武雄市の教育改革では樋渡啓祐《ひわたしけいすけ》市長時代で浦郷究《うらごうきわむ》 教育長と、奈良市立一条高校の改革は仲川元庸《もとのぶ》市長とのタッグで中室雄俊《なかむろたけとし》教育長と仕事をした。市区町村の教育長として、この3人はいずれも教員出身だが、現実を動かす出色の力があった。そういえば、長く都教委におられた井出さんもたしか教頭をスキップしている。

校長は上がりの職である

さらに校長の実像に迫ろう。

なぜ、攻めていた教員でも、教頭から校長になると守りに入ってしまうのか？

なぜ、具合の悪い実態を隠すのか？

いじめなどの事件の隠蔽体質はどこから来るのか？　――これらの学校スキャンダルは、テレビのニュース報道でもネットのバラエティ番組でもしばしば話題にされている。

結論から言えば、それは「校長が上がりの職」だから。その上がないからだ。そこで減点されると、一生にわたる汚点もしくは恥だと彼らがみなしているからだ。ただただキレイに勤め上げたいのである。要するに自分の都合に他ならない。


わかりやすくするために、私企業の組織に喩えてみよう。高校の校長は、都道府県の教育委員会（行政上の組織名は「教育庁」）の配下で、私企業で言えば「支店長」くらいの位置付けだ。

教員として新卒採用され、担当授業の他に教務や生徒指導の仕事を10年から20年続けると、学年主任となり、主幹教諭を経て教頭、副校長、校長への道が開けていく。管理職選考試験に受かれば、教頭になる。その後、自治体によっては校長になるための試験（国家試験ではない）があり、それに受かれば、校長になる。

通常はそこがキャリアの終点だ。わずかに、校長会の会長を務めるようなリーダーシップのある人物は、教育委員会事務局で行政系の部長職に就いたりする。また、教育監という職位を置くこともあり（これは現場の教員上がりでは最高に指導的な立ち位置）、現場の校長以下をサポートする。教育庁のトップである教育長と次長がラインとすれば、教育監はスタッフとして、教育長もしくは次長の指示命令系統を現場に降ろす役割を果たす。

一方、小中学校または義務教育学校の場合は、学校の設置者が市区町村なので（雇用主は都道府県であるが）、市区町村の教育委員会の配下で、私企業で言えば「営業所長」くらいの位置付けになる。校長職は、「支店長」もしくは「営業所長」というわけだ。だから、支店もしくは営業所が、昇進した最後の職場だと想像してみてほしい。

要するに、ここで失敗すると後がないのだ。私企業では、もちろん失態で会社に大きな損を与えたり、パワハラやセクハラなどの事件を起こしたりすればクビになるかもしれない。しかし逆に、チャレンジすればさらなる昇進もあるし、上司とウマが合わなければ、他県に異動することもあるだろう。まだまだキャリアは先に続く。

しかし、学校長には先がない。

だから、日本のような恥の文化の強い風土では、守りに回ってしまう。**チャレンジをすれば失敗する可能性もあるから、現状維持を選ぶ**のだ。

結果、「正解主義」「前例主義」「事勿れ主義」の申し子になってしまう。


さらに言えば、若手の校長はともかく、多くの校長は日常的にSNSなどのDXツールに慣れていないし、YouTubeで発信している人は稀だ。

私立の校長や理事長は、生徒募集にその学校の浮沈がかかっているから、自校のPRのために積極的にメディアを利用する。YouTubeなどで発信している人も多い。

しかし、とくに公立の小中学校においては、学校選択制での児童生徒の取り合いが落ち着いた現在では、学校の特徴をアピールする必要性が減った。

ゆえに校長たちは、SNSの威力を知らないのだ。だから不都合があっても、「隠蔽できる」と勘違いしてしまう。学校が組織ぐるみで隠せば、情報が漏れない時代もあったのだと思う。しかし、現代の、超のつくほど高度に発達し入り組んだネットワーク社会では、隠蔽は不可能だと知ってほしい。

校長が上がりの職であることで、さらに残念なこともある。学びを止めてしまうことだ。支店長や営業所長程度とはいえ立場的にはお山の大将の位置付けなので、そこにあぐらをかいてしまう。「もっと良い学校にするために、もっと自ら学ぼう」という教育者の意欲を失い、好奇心も向上心もない、守りに徹した学校長が誕生する。

「学ぶ」の語源は「まねぶ」という言葉である。「真似る」ことで学び取るのが本筋である。ところが、学ぶことを止めてしまっているから、隣の学校が素晴らしい実践をしていても、真似しようとしない。結果、良い実践が自治体の端々にまで普及することもなくなったのは先述の通りだ。

まともな学校と校長の見つけ方

次に、まともな校長に率いられた「良い学校の見つけ方」について話をしよう。

ここまで述べてきたことから類推してもらえば、校長になる教員は、そつのない人だとわかるだろう。人格者だからでも、一番教養があるからでもない。どちらかといえば事務処理能力に秀でているタイプである。そんな中でも、ときに情報編集力があり、人間的に魅力のある校長もいる。

そういう人物は、入学式や卒業式での話が実に上手い。リスナーである新入生や卒業生、その後方に座る保護者を納得させる話ができる。そう、話力だ。リーダーシップがあり、マネジメント力がある校長かどうかを見分ける手立てに、このスピーチ力がある。私の実体験からして、これはかなり信頼できるアンテナだ。

だからこそ、せっかくの式辞で原稿をマル読みするのは、もったいない限りだ。聴衆だってシラケるだろう、ウソくさい！と。要点のメモを見るのはOKだが、あくまで自分の言葉で語ってほしい。なぜなら**自分の言葉で語れるかどうかが、当事者意識を持って学校経営にあたっているかどうかにつながる**からだ。

とはいえ、校長のスピーチを日常に何度も聴くことはできない。ならば、どうするか。だいじょうぶ。見分けるポイントは他にもある。

3つのポイントを挙げよう。

「まともな運営が行なわれているか」は、学校を訪ねたときに次の3点をチェックすればわかる。

1つ目に、学校の玄関だ。通常は下駄箱がズラーッと並んでいる。ざっと見渡せば、生徒たちの外履きがどの程度踵を踏んだ状態かもわかるだろう。思い思いのシューズで構わないと思うが、若干の乱れはあっても、全体が整然と揃っていれば、荒れている学校ではない。

2つ目に、トイレだ。綺麗に越したことはないが、古いトイレを大事に使っているかもしれない。生徒が荒れていれば、蹴りを入れられてドアが蹴破られたりもするだろう。でも、その穴が新聞紙や段ボールやベニヤ板で補修されているようなら心配ない。大人が日常的にメンテナンスしているものはたいていの子は大事に扱うようになる。逆に、放っておくと荒廃は進む。

3つ目は、廊下の壁に貼られた掲示物だ。小学校では、教室内や廊下にも絵などの制作物が掲示されているものだが、中高でも掲示物の扱いは重要だ。画びょうが取れて風にたなびいている状態であったら要注意。細かいことだが、こうしたところに学校がきちんと管理運営されているかどうかが、如実に表れる。

以上は基礎編と言えるかもしれない。

管理というのは処理仕事であり、ここまでなら教頭がしっかりしていれば、たいてい達成できる。次段階では、校長が仕事のできる人物であるかどうかがまさに問われるだろう。

校長の仕事は、「管理」ではなく「マネジメント」だ。学校の教育活動を普段通り、事故なく、つつがなく進めるのが「管理」。学校の教育活動に付加価値を付け、クリエイティブに運営するのが「マネジメント」。主として後者が、校長の役割だ。

だから、あなたがもし保護者で、自分の学校の校長の力量を見極めたいなら、次の3つの仕事をやっているかどうかで判断したらいかがだろう。

ここからはさしずめ、応用編だ。

①制服の値段の課題を解決しているか

制服問題である。ここでは要不要問題ではなく、価格問題を取り上げる。

制服がある学校では、相変わらず高価格のまま何のイノベーションも図っていないとしたら、そこは時代の流れに鈍感な場合が多い。

何重にもなった流通網を廃して、メーカー直販で生徒のスマホからの発注を行なえば、必ずコストは下がる。

「いやいや、制服は一人ひとり採寸するし、オーダー製品だから高くて当たり前だ」

もしも咄嗟にそう思うとしたら、それは誤解だ。保護者や先生のそんな常識はすぐに忘れてほしい。制服はオーダーメードではなく、既製服なのだ。つまり採寸するのは、せいぜい5つ（S、M、L、LL、XL）くらいのパターンで普通の既製服と同じようにあらかじめ作られたものから、この子にはこのサイズ、あの子にはあのサイズと、少し大きめのサイズを選んでいるに過ぎない。それでカバーできない特殊なサイズの子だけ、直している。

「採寸する」＝「オーダーメード」＝「高くて当たり前」は、日本の保護者と教員のすべてにかけられた呪縛だった。そしてそれは昔話になった。今や、生徒は自分のサイズをスマホで入力して、メーカーに直接発注することができる時代だ。彼らはすでに、楽天やアマゾンやYahoo!やZOZOなど、ネットを通した購買に慣れている。

申し訳ないが、長年お世話になった小売店には遠慮してもらって直販体制を敷くことで、実際2割の価格ダウンが可能だ。私自身が**「制服のスマホ発注」**を実践した一条高校では、3年以上、生徒のスマホからの発注を続けているが、一件の事故もないと聞く。具体的な価格については、当時の報道記事を引用しよう。

「現行の制服（上着、冬夏のスカート・ズボン、冬夏のシャツの計5点の合計税込金額）は男子で4万7550円、女子で5万1950円。対して新制服の税込み価格は男子生徒向けのAタイプで3万7550円、女子生徒向けのBタイプで4万1950円と、それぞれ1万円安くなるという」（ハフポスト日本版／2018年3月20日付）

このシステムを共同開発してくれた制服メーカーの瀧本株式会社によると、コロナ禍で販売店による採寸が難しくなったこともあり、近年も問い合わせが相次ぎ、導入校も増えているという。

②図書室を活用しているか

もし、あなたの息子や娘を通わせている学校の図書室に、いまだに20年、30年前に寄贈された古い百科事典が並んでいるようなら、そこに子どもを近づけてはいけない。地名をはじめ、更新されていない事実の表記だらけだからだ。

同じように、寄贈された古い文学全集も要注意だ。上下二段の細かい字の本をもはや子どもたちは読まないし、埃だらけで不衛生だ。

私は「よのなか科」の授業などで訪問した学校の図書室には、ほぼ必ず寄っている。校長が同行することもあるが、図書室に入れば瞬間的に、そこが児童生徒によく利用されている場所かどうかがわかる。司書や司書的な役割を果たす国語の先生がいくら頑張ったとしても、魅力のない図書室には子どもたちは寄りつかない。

それでも小学校の図書室はだいぶ整備が進んだようだが、中学校はどうだろう。高校には通常、専任の司書がいるはずだから、まだいいかもしれない。

和田中の図書室も、図書委員の数が1日の利用者の数と同じだった。カビ臭く、奥まった場所にあることもあり、暗かった。

情報社会なのに、これでは何とも情けない。私は一念発起し、**「図書室の改装」**を決めた。図書室改造の専門家である児童文学評論家の赤木かん子さんに相談して大規模に改装したのだ。予算をかけられる作業ではないので、保護者や地域社会のボランティアの方々に協力してもらい、丸4日間かけて行なった。詳細は拙著『藤原流200字意見文トレーニング』(光村図書出版)の「図書室をどう改造すれば、子どもたちが集まるか」に書いたので、興味がある方は読んでみてほしい。

ここではポイントだけ記すことにする。結果として、利用者が10倍になったのだ。のちに、この図書室改造ボランティアに参加したメンバーを中心に、地域本部に図書室の運営を委託することにもつながっていく。想像以上の広がりだった。

お母さんたちは、カーテンやテーブルクロスを既製品ではなく手作りしてくれた。端切れの生地を買い集めて、家庭科室のミシンで縫って設《しつら》えてくれたのだ。

お父さんたちは、すべての本をいったん本棚から出してから、書棚を磨いたり、A4判の自然科学書が入るようにサイズを変える改修を日曜大工のノリでやってくれた。棚の奥から、いつ紛れ込んだのか、スズメのミイラが見つかったのには皆で驚嘆したものだ。

子どもたちはその間に、蛍光灯を一つひとつ外して磨き、反射板にも雑巾掛けをしていった。ガラスも一枚一枚拭いていく。みるみるうちに綺麗になった。

何といっても、赤木流図書館改造のキモは、不要な本を処分することだ。一気に3000冊捨てた。廃棄台帳にいちいち記入する必要はなく、「一括廃棄」と一言書けば事足りる。美術書など、貴重なものが交じっている可能性もあったので、ネットで古書を扱う業者に取りに来てもらった。廃棄本の片付けを手伝う代わりに、再販売が可能なものはどうぞネット販売して収益を得てください、とお願いした。ギブ・アンド・テイク、ＷｉｎＷ ｉｎの関係だ。

赤木流でやれば、図書室が明るくなり、利用者も増え、司書も先生方も喜ぶことを実感したので、その10年後には一条高校でも同じ改造を試みた。

一条高校には専任の司書がいたから、「僕がまだ読んでなさそうな小説やノンフィクションで、これは読ませたい、これは素晴らしいという本があったら、紹介して」と声をかけ、未知の本を半年間に10冊くらい読めたのは収穫だった。図書室は、社会との架け橋なのだ。

そんな図書室を利用して教養を磨くことは、校長の特権かもしれない。

逆に私には、利用されない図書室を放っておく校長は信用できない。たぶん、本に興味がないのだと思う。自分で調べることも、ノンフィクションや小説を読むこともないのだろう。実際、本好きな校長には滅多にお目にかからない。

日常的に本を読まないで、どうやって教養を蓄積するのだろうか。図書室を放っておく校長は、ウソくさい！

③避難所となる「居場所」を作っているか

カウンセラー（臨床心理士）が常駐していれば、子どもたちも心の悩みを相談しやすくなる。でも、週に1回とか2回では難しい。ましてや親の相談も受けるから、スケジュールは通常すぐに満杯になってしまう。

また、ベテランでないカウンセラーの中には、かえってケースをややこしくしてしまう例も見受けられる。さらに言えば、親が精神に異常をきたしているケースでは、カウンセラーや児童相談所のパワーだけでは解決に向けて動けない。医療や警察との連携も欠かせないからだ。その場合には、これらの専門家をチームとしてまとめるソーシャルワーカーの登場が期待される。

ただ、それ以前に私には感じることがあった。学校には、子どもたちが「成績」や「評価」から解き放たれて癒される場が少ない。息を抜ける避難所がない。だからこそ〝評価されない場所〟として保健室が人気になる。養護教諭は成績の評定をしないからだ。

だったら、直接担任しない校長も子どもたちの成績を評価する教諭とは違う立場だから、「ナナメの関係」からオジサンぽく迫ったら、良い関係が作れるかなと考えた。

そこで私がやったのが、**「校長室の開放」**だ。日常的に校長室の廊下側のドアを開け放って、クラスと名前を名乗ればいつでも入ってきて良いことにした。来客があっても、私が書類仕事をしていても、ドアが開いていれば入ってきて良い、と。

　始業式で校長室の開放を告知したら、その日の休み時間に早速やってきたのは3年生の女子。斥候の役割だった。「今度来た校長は、いったいどんなやつか」、品定めしに来たのだろう。たぶん、たちどころにクチコミで伝わったはずだ。今だったら、ＬＩＮＥかツイッターかインスタか。しかしながら、その後しばらくは誰も来なかった。お客が切れた。

　そこで餌を撒くことにした。漫画を３００冊ほど、校長室に並べたのだ。その後、壊れたコンピュータをバラバラに分解して黄金に輝くチップを取り出すイベントを開催したり、トランプを置いておいて簡単な手品を見せたり……様々な仕掛けを繰り出したことで、次第に給食後の昼休みのお客さんが増えていく。

　子どもたちの様子を見、ときに癒し、必要なら何らかの対処を講じるのだが、普段は黙って眺めているだけの部屋。あくまでも子どもたちの「居場所」。

　4年目、5年目には、漫画を立ち読みする1年生で校長室が満員御礼になった。教室に居場所がない子かもしれない。エネルギーのある子は、給食後にはさっさと校庭に遊びに行くだろう。校長室で立ち読みしている分には、いじめられる心配もない。校長がなんとはなしに、そこにいるからだ。

小学校の校長が理科の専門なら、校長室を実験室にしても良いんじゃないかと本気で思う。大学で行なっていた研究を続けてもいい。そういう何かが起こりそうな、玉手箱のような校長室も楽しいいんじゃあなかろうか。

こうして和田中では、図書室が第二の保健室に、校長室が第三の保健室の役割を担うことになった。

校長職は名誉職にせよ

研修で私が続けていることがある。つくばの教員研修センターでの校長や副校長・教頭研修でも、自治体の教員研修でも、参加者に立ち上がってもらい、自分の学校が標榜する教育目標をそれぞれ声に出して言ってもらうことだ。

「前後左右のメンバーがなんと言おうと気にせず、自分の学校の教育目標を大声で私に教えてください」と。

するとどうだろう。決して大騒ぎにはならず、まったくその反対になる。半分以上の校長や教員がお手上げになるからだ。自分の学校の教育目標を覚えていないのだ。

覚えていない目標を達成することはできない。これは、子どもでもわかりそうなことだ。

そらんじることができないような目標は、私企業であれば、社是として掲げない。
その上、学校の教育目標というものは、綺麗事のオンパレードであることが多い。小学校だと、趣旨としては「みんな仲良く、元気良く」。それに最近の流行りを加えれば、「よく考える子ども」や「平和を愛すること」や、多様性のなんちゃら……などと言葉が並ぶ。

そもそも目標が4つも5つもあるのは意味がない。一見意味がありそうだが実は、ない。要は、肝心要《かんじんかなめ》の1つに絞ればいい。

目標とはそういうものだ。それを、児童生徒と教員と保護者と地域社会の関係者とでそらんじていなければ、真に実現するのは難しいだろう。

あの、ヒット商品「ガリガリ君」を生み出した赤城乳業株式会社の企業スローガンをご存じだろうか。

「あそびましょ。」だ。

こんなにシンプルでインパクトがあり、実現したくなるスローガンはそうはない。しかも自分もメンバーの一員に加わりたくなるほど、ワクワクするメッセージではないか。今この瞬間、あなたも覚えたことだろう。

赤城乳業の「あそびましょ。」に触れたついでに、こんな実態の学校長に「カッ！」を入れる方策を語って、本章を締めることにする。

全国には、およそ3万数千人の校長がいる。

このうち、1割の校長はマネジメントをやっている校長だから良しとして、3万人ほどの校長を変えるためにはどうすればいいのだろうか。

もちろん、続々とエネルギーのある若手の校長が抜擢されて、現場の活性化がなされているというなら何も言うことはない。でも、どうも違うようなのだ。聞くところによれば、むしろ年寄りが居残って教員の教頭・校長への昇任が遅れているともいう。

だったら、**思い切って校長を3万人くらいリストラしたら**、いかがだろうか。

第二部で述べる、教頭や指導主事の事務量を大幅に削減する案を実現すれば、現在の9割の校長が行なっている管理業務は教頭がカバーできる。もともと校長会とは別に教頭会があり、横の連絡も取れているし、教育委員会としても困らないはずだ。

そこで、教頭を「校長代行者」として処遇する。すぐさま給料を校長並みに上げていい。

一方、校長に辞めてもらえば、その人件費及び一般管理費の差額分は1000万円にはなるから、年間に1校でこれくらいの教育投資が可能になる。

全国でいえば、3000億円のカンフル剤だ。

その代わり、無償ボランティアで協力してくれる「名誉校長」を、各校がOB・OGや地域社会で力のある人物から探す。どんな有名人も誰かの教え子だし、どんな先生でも、誰か力のある人物の恩師だったはずだ。真剣に探せば、日本全国で教育改革に参戦してくれる心ある人物は探し出せるだろう。

例えば、和田中なら、終末期医療の第一人者である諏訪中央病院名誉院長の鎌田實《みのる》さんかもしれないし、一条高校だったら映画監督の河瀬直美さんかもしれない。

実行してみればわかるが、主たる名誉校長の供給源は、60代、70代の元校長になるだろう。言うまでもなく、50代まで攻めのマネジメントで学校を改革していた実力者だ。どうすれば学校がもっと良くなるのか知り尽くしている方々だから、元気な限りやってもらえばいい。ただし、名誉校長職はボランティアで無給になるため、稼ぎは塾の講師代だったり大学の教授職の給料だったりになるだろう。

突拍子もない案に聞こえるかもしれないが、前例はすでにある。国立大学の附属学校の校長は、その大学の教育学部の教授をもって充て、日々の実務は専任の副校長が仕切るのが通例だ。本業は教授で校長の役割は併任だから、学校に通う必要もない。今だったらZoomでときどきミーティングすれば、コミュニケーションの問題もないだろう。

こんな3万人の名誉校長を探すキャンペーン自体が、全国の先生たちに勇気を与え、公立校を蘇らせる起爆剤になる可能性さえあると私は考える。

もしも実現したら、文字通り、「ウソから出たマコト」になる。

第二部

「学校」を変えよう

第4章　学校と先生の役割を限定しよう

現実的なリノベーションを狙う

第一部では、学校の現状を整理した。

なぜ、学校という場にウソくささが漂うようになってしまったのか、その原因について分析したつもりだ。

何度でも繰り返すが、それは、学校の先生のせいではない。社会全体の無理な要請に頑張って応え続けたことで、もう土俵際まで追い詰められている姿なのである。教育委員会の不手際や、大半の校長の怠慢によるマネジメント不足もある。

ただしここでまず、ハッキリと言っておきたいのは、学校の先生も、

「わかりません」

「できません」

「助けて！」

と言っていいのだ、ということ。

だって、先生だって普通の人間なんだから。アラームを鳴らしていいし、ときには、お手上げということもあっていい。そうでないと、一所懸命に頑張る先生ほど精神的なバラ

ンスを崩したり、体を壊してしまうから。

でも、先生たちが「わかりません」「できません」「助けて！」と言っていいようにするためには、「言っていいんだよ」と告げるだけではダメだろう。

そうではなく、学校教育全体の仕組みを変革していく必要がある。

そのための試案を、この第二部では示すつもりだ。学校という複雑になり過ぎたシステムをもっとシンプルに整え、**教員の仕事を人間にしかできない、もっと柔らかいものに変える**方向で、だ。

狙う未来の地点としては、5年から10年先までの現実的なリノベーションだ。

成田悠輔さんが『22世紀の民主主義』（SB新書）で示したような、15年から20年以上先の未来ではない。高度にDX化した社会では、私たちがスマホやSNSで発信するデータやあらゆるところに残る行動履歴を分析すれば、政治的に何が望まれているかがわかるはずだ。だから、民主主義の最善の方法と信じてきた「投票」による選挙を止めて、AIによって政策を決定し予算づけを行なったらどうか、と成田さんは書いているのだ。こうすれば、政治家の代わりにアルゴリズムが政治を行なうことになるから、人間の思惑で動かすと必ず登場する贈収賄や宗教集団の影響を避けられ、確かに合理的かもしれない。

この思想を援用すれば、学校教育も高度なＤＸ化によって、子どもたちの学習履歴データを基にしたＡＩによるアダプティブ（個別的）な学習さえもが可能になるだろう。

ＡＩが評価し、一人ひとりに合わせた個別のカリキュラムで、個別の時間割が組まれる。評価もやってしまう。この段階になれば、校舎は必要ないし、人間の先生も必要なくなる未来が見えてくる。

が、本書で描くのは、そのような未来ではない。その手前の、今現在とつながった未来に、子どもたちをどう育てていくかについて論じることにする。

なぜならば、人が集まらなければできない学習もあるからだ。学校はまだしばらくあっていいし、ＡＩができない教員の仕事も残ると私は考えている。

学校教育の現場はまだまだアルゴリズムに「アルゴられる」わけにはいかない。

さあ、第二部を始めよう。

「学校」を再定義する

まず、学校と先生の役割をもっと絞るべきだろう。

それをしないで「児童生徒の全人格を……」などと不可能なお題目を唱えているから、キリのない仕事に際限なく追い詰められてしまうのだ。

改めて、シンプルに問い直そう。

「学校とは何か？」

学校とは、何をする場所なのか？　何を成し遂げれば、5兆円以上の税金投与がきちっと成果を上げたと評価できるのか？

「先生とは何か？」

どんな仕事をする人のことを言うのか？　何を成し遂げれば、その年収に足る成果を上げたと評価できるのか？

初めに結論を述べてしまおうと思う。

私の言葉遣いでは次のようになる。あなたは納得できるだろうか？　より良く納得できる言い方があれば、もちろんあなたなりに言い直してもらって構わない。ただし、一行で、だ。でないと、みんなが覚えられないから。覚えられないものは、目指せないから。

「学校」とは、児童生徒に、良い習慣をつける装置である。

「先生」とは、児童生徒の、できないことをできるように、わからないことをわかるようにする仕事をしている人である。

今一度、問い直す。

学校とは、何か？

普通なら、もっと大所高所から定義しようとするだろう。すると、「教育基本法」が登場する。「教育基本法」によると、教育の目的は次のようになる。

(教育の目的)

【第一条】教育は、人格の完成を目指し、平和で民主的な国家及び社会の形成者として必要な資質を備えた心身ともに健康な国民の育成を期して行われなければならない。

なるほど、その通りなのだが、これでは守備範囲が無限に広がってしまう。

義務教育については、こんなふうに書かれている。

（義務教育）

【第五条】２　義務教育として行われる普通教育は、各個人の有する能力を伸ばしつつ社会において自立的に生きる基礎を培い、また、国家及び社会の形成者として必要とされる基本的な資質を養うことを目的として行われるものとする。

どうやら、**「自立的に生きる」**基盤をつくるのが、大事なようだ。

これは納得できる。この文言を決めるのに、「自立」か「自律」かで大論争が起きたことも想像に難くない。今だったら、「自分で主体的、協働的に学習できる」という意味を込めて、「自律」の文字の方がよりニュアンスが伝わる気がする。

さらに、学校教育はこのように規定されている。

（学校教育）

【第六条】２　前項の学校においては、教育の目標が達成されるよう、教育を受ける者の心身の発達に応じて、体系的な教育が組織的に行われなければならない。この場合において、教育を受ける者が、学校生活を営む上で必要な規律を重んずるとともに、自ら進んで学習に取り組む意欲を高めることを重視して行われなければならない。

つまり、「学校生活を営む上で必要な規律を重んずる」というのは、学校で行なわれる「生活指導」のことを指し、「自ら進んで学習に取り組む意欲を高める」というのは、「学習指導」のことを指している。

生活指導というのは、小学校であれば、挨拶をしましょうとか、手を洗いましょうとか、靴の踵を踏んで歩かないとか、給食はなるべく綺麗に食べるとか、廊下を雑巾掛けするときはこんなふうに雑巾を絞り、こんなふうに拭きましょう……というようなことを含む。

学習指導ともかぶるのだが、私は意外に**「提出物を先生に言われた期限までに出す」という生活習慣が、すべての大人に計り知れない影響を与えている**ように思う。

だから、日本人は基本的にちゃんとしている人が多いのだ。このことについては、次項で詳しく述べる。

以上から、「学校とは、習慣をつける装置」だとした。

これが、一番シンプルな定義だ。しかし習慣には、他人の悪口を言うとか盗み癖とか「悪い」習慣もあるので、「良い」を加え、「学校とは、良い習慣をつける装置」だ、と改善した。

しかし、これではシンプルなのはいいが、家庭だってそうだし、コミュニティもそうだし、会社だってそうだと言われてしまう。だから、何の習慣か「Ｗｈａｔ?」の問いに答えるために、習慣の中身にも言及すれば、

「学校とは、良い学習習慣と生活習慣をつける装置」

ということになるだろう。小学校低学年では生活習慣の比重がまだ高いが、次第に学習習慣に重みを移していき、高校の高学年までには、ほぼ学習習慣づけにシフトしていく流れである。

学校では、実際、学習指導と生活指導（中高校の場合は生徒指導）について、通常の授業とは別に教員が役割分担し、雑務に取り組んでいる。教務部と生活指導部（中高校は生徒指導部）があり、そのリーダーとして教務主任（高校は教務部長）と生活指導主任（高校は生徒指導部長）が指名される。その他にも研修主任（研修部）や進路指導主任（進路指導

部）や総務部を置くが、基本的に校長・教頭は、教務主任（高校は教務部長）や生活指導主任（高校は生徒指導部長）とタッグを組んで学事を進めるのである。

もし、この定義をもう少し長くしてよければ、学習習慣と生活習慣をつける目的「Ｗｈｙ？」を明示した方がいいだろう。文科省が好んで用いる言葉を使えば、「生きる力」をつけるため、ということになる。

「学校とは、『生きる力』をつけるために良い学習習慣と生活習慣をつける装置」である。しかし、「生きる力」をつけるって曖昧過ぎるという指摘もあるはずだ。その通りだと思う。守備範囲が無限に広がってしまう感がある。

もうちょっと具体的に言うなら、どんなふうになるだろう。ここで、日本人としての理想像を掲げてみよう。先述の「教育基本法」に出てきた「自立的に生きる」個人のイメージだ。ここでは「自律」の文字を使ってみる。

「学校とは、自律して学び生活できるように、良い学習習慣と生活習慣をつける装置」である。だいぶ、具体的になってきた。

最後にもう一段深掘りして意味を絞りこむとすれば、「Ｈｏｗ？」すなわち「どのように？」という点が残っている。方法論の問題だ。

なぜ、学校という建物が要るのか？　なぜ、そこに児童生徒を集める必要があるのか？に答えなければいけない。習慣づけがすべてリモートで可能なら、仮想空間のキャンパスに全員が通うスタイルでもいいはずだ。そうでないとするなら、学校というのは、わざわざ人を集めて、集団の力で社会訓練する場であるということを明示すべきかもしれない。

すると、こうなる。

「学校とは、自律して学び生活できるように集団の力で良い学習習慣と生活習慣をつける装置」である、と。

どうにか、一行ちょっとでおさまった。

「学び」と「学習」がかぶるが、学校の定義なのだから、まあいいだろう。それでも「生活」が二度出てきてしまうのは、ちょっとカッコ悪いような気がしてきた。そこで、これからの児童生徒は１００年の人生を生きるのだから、「学び続ける人生」をイメージして「自律して学び生活できる」ではなく「自律して学び続ける」としてみると、決定打はこうなる。

「学校とは、自律して学び続けられるように集団の力で良い学習習慣と生活習慣をつける装置」である。

これなら、生涯学習の精神も内包しているから、文科省の総合教育政策局も喜ぶのではないか。

「早く、ちゃんとできる、いい子」は日本の強み

習慣づけることを甘く見てはいけない。

『7つの習慣』（スティーブン・R・コヴィー著／原著初版は1989年）が世界的な大ベストセラーになったことでもわかるが、長くし続けることは偉大な力をもたらす。私も著書の中で何度も、「1万時間かけて練習してマスターしたことが、あなた固有のスキルになり、足場になる」と強調している。

だから、日本の学校が何を習慣づけてきたのかを探るのは興味深い。

成功している人であればあるほど、学校で習ったことは大人になってから何の役にも立っていないとうそぶく傾向がある。だが実は、その人の生活態度や仕事上のマナーの根底に、学校教育で繰り返された習慣づけが影響している。良くも悪くもだ。それに気づくこ

とは、学校教育を考える上でも重要だ。

日本経済の高度成長は1997年でピークアウトし、1998年から成熟社会の幕が開いた。

成長社会から成熟社会への変化は、正解至上主義の教育が正しかった時代から、正解至上主義では通用しない時代への変化でもある。

戦後日本の高度成長社会では、大きいことはいいことだ、早いことはいいことだ、安いことはいいことだというように、社会的な「正解」がはっきりしていた。だから、学校でひたすら「正解」を覚えさせたり、「正解」の出し方を練習させる正解至上主義の教育が行なわれたのは、必然であり合理的だったのだ。結果、答えを早く正確に当てられる「早く、ちゃんとできる、いい子」が学校という工場で大量生産され、産業界に処理能力が高いホワイトカラー、ブルーカラーとして送り出された。

世界における日本のキャッチアップが早かったのは、この成果でもある。

2020年のオリンピック・パラリンピック開催地決定で盛り上がった「お・も・て・

な・し」の話もしておこう。

日本流のおもてなしは、イタリア人やスペイン人、フランス人のような、いわゆるラテン系のおもてなしとは趣が違う。彼らのおもてなしは、サプライズを与える演出をし、相手を感動させようとするからだ。サッカーで一発ゴールを決めるときの感覚だ。

スペイン・マヨルカ島の「Bar Abaco（バー・アバコ）」は昔の商人の邸宅跡を改築した居酒屋だが、お酒を飲む中庭の周囲がすべて鳥小屋で、入っていくと度肝を抜かれる。中世の城を含めて貴族の館をリノベーションしたホテルには何十回と泊まったが、演出もそれぞれかっこいい。ロンドン郊外のナショナルトラストが管理運営するホテル「Cliveden House（クリブデン・ハウス）」では、テムズ川のほとりまで庭を馬で散策しませんかと誘われた。プライベートの場もクリエイティブのレベルが高い。夫婦同士で囲む先方の自宅でのディナーの席では、リビングとダイニングでのおもてなしが分かれていて、センスの良さを感じることが多い。

一方でもちろん日本にも、能や歌舞伎、お茶やお花での優雅な演出がある。相撲や柔道や空手でサプライズな演出もできるだろうし、海外からの旅行客を京都の神社仏閣に連れていけば、わび、さびを味わわせることもできる。もっと凝るなら、侍の格好をさせて日本刀を持たせ巻き藁を斬らせたり、城に泊まらせたりすることも可能だろう。

しかし、大方の外国人にとって、日本を訪れたい動機の根底にあるのは、そのような目を瞠《みは》る演出の数々より、「安心して旅ができる」事実ではないかと思う。

道を聞けば、ほとんどの日本人が正確に駅やホテルまでの道筋を教えてくれる。その場で簡単な見取り図を描くことができるのも、外国人には驚きだ。例えば、パリで私が実際に閉口したのは、知らないのに知ったかぶりして道を教えてくるフランス人たちだ。困ったことが何度もあった。ちなみに、フランスのカフェでは、フロアにいる給仕係と目が合わないと何も注文できないし、支払いでさえも後回しにされる。その点も日本は違う。どのホテルや旅館に泊まっても、受付が丁寧で、こちらをお客としてきちんと扱ってくれる。

その他にも数々あるだろう。時速200キロ以上出す新幹線を含めて電車がほとんど時刻表通りに来ることや、レストランに入ると同時同卓の原則で、4人が別々のものを頼んでも同じタイミングで配膳される妙。マクドナルドのハンバーガーでさえも、出てくるスピードが東京とサンフランシスコでは違うように感じるし、吉野家の700円台の牛すき鍋膳が注文からほんの5分もすれば出てくる事実も驚異だ。

日本では基本的に、すべての物事が「早く、ちゃんと」進む。サービスを提供している個人が「早く、ちゃんとできる」いい子であることが多いからだ。

それはとりもなおさず、日本の学校教育が戦後数十年にわたって「早く、ちゃんとできる、いい子」を育て続けた成果なのだと思う。

だからこそ私は、「早く、ちゃんとできる、いい子」が大量に仕事をして生活していることこそが日本の強みだと感じるのだ。ことさらクリエイティブであるとか、突出してスゴイとかいうのではない。地味だが、決して諸外国が真似できないこと。すなわち**「ちゃんと物事が約束通りに進むこと」**——これは、諸外国に誇れるお国柄である。

信用とは他者から与えられる信任の総量

学校が習慣づけている、日本が誇るべき価値観について、さらに述べる。

もしもあなたが、「人生を営む上で一番大事なものはなんですか?」と質問されたら何と答えるだろうか?

お金、権力、はたまた教養、家族、あるいはもっと抽象的に、愛とか創造性だと答えるかもしれない。私なら、どうか。

迷わず「信用」と答えるだろう。

「信用（クレジット）」である。

信用とは、全人生を通じて積み上げていくものであり、信頼と共感の関数であると考える。拙著ではいつも、「他者から与えられる信任の総量」だと定義していて、これが高ければ、人々はあなたにもっと大きな仕事を任せたいと望むだろうし、あなたの選択肢や自由度はそれに伴い広がっていく。だからこそ「信用」とは、人生における幸福感の源泉だと言っていい（「信用（クレジット）」についてさらに知りたい方は、『45歳の教科書——戦略的「モードチェンジ」のすすめ』〈PHP研究所〉を読んでほしい）。

ところが、不思議なことに「信用とは何か？」「どうしたら信用が得られるのか？」「信用が棄損した場合（失敗したりしてダメージを受けた場合）、どんなふうに修復すればいいのか？」について、学校では一切教えてくれない。それどころか、親が教えることも稀だし、会社に入ったり公務員になっても、上司から改めて教わる機会はないに等しいだろう。

なぜなのか？

私にはそれが長年の疑問だったのだが、もしかしたらそれは、学校教育があまりにも自然かつ当たり前に与えているものだから、改めて取り上げて教える必要がなかったのではないかと思えてきた。

中学生向けに2006年に執筆した『「ビミョーな未来」をどう生きるか』(ちくまプリマー新書)には、信用がある人の条件として、次の10箇条を挙げた。

第一は、挨拶ができる。
第二は、約束を守る。
第三は、古いものを大事に使う。
第四は、人の話が聴ける。
第五は、筋を通す。
第六は、他人の身になって考える。
第七は、先を読んで行動する。
第八は、気持ちや考えを表現できる。
第九は、潔さがある。
第十は、感謝と畏れの感覚がある。

実はこれは、中学生にだけ通用する10箇条ではなく、大人にもそのまま当てはまる「信用のある人の条件」になっている。

そのため先述の『45歳の教科書』では、自分の前半生の〝棚卸し作業〟として、この10項目をそれぞれ5点満点（5：よくできる、4：できる、3：普通、2：あまりできない、1：できない）で採点して合計し、50点満点で自己評価することを勧めている。

なぜならそれが、**後半の人生のための「見えない資産（インビジブル・アセット）」になる**からだ。この点数が高い人ほど味方がつくから、自分の力だけでなく他者からのエネルギーが流れ込む。すると、夢やビジョンが実現しやすくなるという仕掛けだ。

この10箇条は、全人類に共通する「高クレジット人間の掟」かもしれない。

このうち、「挨拶ができる」「約束を守る」「人の話が聴ける」は、学校教育で先生たちが最も重視する三種の神器だ。親が子に教える家庭教育の大原則とも重なる。

少しだけ、解説してみよう。

①挨拶ができる

挨拶とは、人間関係の基本だ。

人間が社会を構成して生きる以上、グローバルにも第一の原則になる。

②約束を守る

約束とは、信用だ。人間は社会の中で（たとえ家族同士でも友達間でも）様々な「信用（クレジット）」の取引をして暮らしている。例えば、待ち合わせに時間通り来るかどうかのような金銭が絡まない場合でも、信用をやり取りしているのだ。

③人の話が聴ける

聴く耳とは、リテラシー（理解し、活用する能力）のこと。人の話が聴けるとは、コミュニケーションのリテラシーが高いことだ。

コミュニケーション（Communication）の語源は「communis」というラテン語だ。一方的に「伝達する」という意味ではなく、「共有する」という意味に近い。

つまり、相手の話が聴けること、質問できること、自分と相手の共通点を見つけられることが重要だということ。自分の考えや意思を一方的に伝えるだけでは、独り言の応酬になってしまい、相手と交流していることにならない。

もしかしたら、話のつまらない校長や授業の進行が下手な先生の言うことを聴く行為も、聴いているフリして別のことを考える技術を含めて、人の話が聴ける「耐性」を養っているのかもしれない。だとすれば、学校では10年以上かけて、忍耐力の修練をしていることになる。

以上、学校教育のベースについて述べてみた。学校とは何か——どうやらそこには、人間の基盤となる「信用」づくりがありそうだ。

いよいよ次は、「先生とは何か?」の定義に移ろう。

「先生」を再定義する

まずは、大上段から始めよう。

「教育基本法」にはこうある。

（教員）

【第九条】法律に定める学校の教員は、自己の崇高な使命を深く自覚し、絶えず研究と修養に励み、その職責の遂行に努めなければならない。


ご覧の通り、「何をやれ」とは記されていない。

ちなみに「崇高な使命」なんて書くから、保護者から「聖職に就いてるのにケシカラン！」なんてクレームが来てしまうのだ。

さらに「学校教育法」（小学校）第二十八条の記述には、次のような一文がある。


教諭は、児童の教育を掌る。


何かを言い切っているようで、なかなか清々しい限りだが、実は何も定義されていない。

中学校や高校には、「この規定を準用する」とあるだけ。果たしてその「教育」とは、どこからどこまでのことを指すのか？　教える範囲については、「指導要領」に細かく書いておくからそれを見て守ってね、ということだろう。

この「教育」という曖昧ワードを何とかしなくてはいけない。

そうでないと、教員の仕事すなわち責任が、無限になってしまう。キリがないのだ。「学校は何をやらなくていいか？」をハッキリさせ、「先生は何をやらなくてもいいのか？」をクリアにすべきと考えているので、この「教育」の定義に私はこだわりたかった。

そこで先述の通り、こう定義してみた。

「先生とは、児童生徒の、**できないことをできるように、わからないことをわかるようにする仕事**をしている人である」

全国120万人超の教員の皆さんは、この言葉に納得されるだろうか？　もちろん、もっと良い言葉遣いがあれば、遠慮なく教えてほしい。

私のような定義が可能なら、教員はなすべきことの無間地獄から解放されるはずだ。なぜなら、少なくとも「教育基本法」が謳いあげる「人格の完成を目指し、平和で民主的な国家及び社会の形成者として……」の呪縛は解けるからだ。

そもそも大学を卒業したてで人生経験もロクにない教員に我が子の人格形成を託したく

はないし、保護者の方がよほど高学歴で経験を積んでいる可能性がある現代社会では、「人格の完成」を教員に託したい保護者はいない。

教員の役割が、児童生徒ができないことをできるように、わからないことをわかるようにすることであるならば、それ以外の仕事はしないでいい。逆に、その仕事も一人単独で、すなわち自分だけでする必要はないということになる。方法も自由で良い。そうなれば教員も良い意味で手を抜くことができ、自分の得意な授業に集中できるから、児童生徒や保護者にとっても喜ぶべきことに違いない。

事務処理業務は削減され、処理スピードが上がり、情報編集的でよりクリエイティブな仕事に多くの時間を割けるようになる。教育委員会にしても、職場の働き方改革には気を配っているだろうから、こうした動きは大歓迎のはずだ。

そこで提示したいのは、教員の仕事を本質的なものに減らすための5つの案である。

1つは、すべての授業（1日4コマ、5コマとあることも）を準備して臨むのは厳しいから、**授業の半分はオンライン動画を生徒に見せるようにする**こと。

得意な分野は自分でライブ授業をやっていいが、不得意な教科や、自分の専門教科であっても苦手な単元は、すぐれた動画を流すことで授業にする。とくに小学校の先生は、専科の先生が担当するもの以外の全教科を教える必要があるわけだが、不得意教科（例えば、算数や理科）については、動画サイトで素晴らしい授業をしている講師を見つけて、教室で遠慮なくその動画を流せばいい。法的にこれが問題ないことは前の章で述べた。

これは悪い意味の手抜きではない。自分の現在の力量（指導力）を客観的に把握し、それをカバーする適切な動画教材をリサーチして、目の前の子どもたちに最高の授業をリアルとオンラインを駆使して届ける。自分だけでなくネットワークで教える新しいスタイルだ。

こうした授業の具体的な進行方法については、第5章でさらに詳述する。

2つ目には、**教員の書類仕事については徹底的にDX化**しようということ。中でも大きな意味を持つリストラ策は、小学校では児童の「通知表」自体を止めてしまったらどうかという提案だ。

3つ目は、**学校に、教員ではないフォース（チカラ）を導入**して、地域社会とともにコミュニティで子どもを育てるようにしようということ。場合によっては、学習活動についても地域社会の力を借り、職員室と地域社会が車の両輪のように学校を運営するのだ。学校の運営責任を先生たちだけに押し付けるのではなく、昔の寺子屋のように、良いも悪いも共同責任にしようという提案だ。

4つ目は、**教員の兼業を認める**こと。

5つ目は、**校長をリストラして教員が余計な仕事を命じられるのを防ぐ**こと。攻めの「マネジメント」ができている校長と、守りの「管理」しかしていない校長については前章で述べたから、ここでは触れない。

以上である。

1つ目については詳細を第5章に譲って、2つ目から解説する。

まず、教員の事務仕事のリストラである。

究極の選択は評価を止めてしまうこと

そもそもである。そもそも現在の教員の器で、将来どう育つかわからない子どもの評価をしていいのか、という疑問がある。少なくとも今現在から10年は、AI×ロボット技術が加速度的に進み、超が付くほどのネットワーク社会が進展して、社会が根底から変わる。少なくともスマホを利用する50億人の脳がクラウドにつながり、そこにＣｈａｔＧＰＴのようなＡＩや、家庭で動き回るロボット「お掃除くん」や車が進化した「移動くん」がつながってくる。

そんな社会は誰もが未体験なのに、子どもたちの能力を正当に評価できるのだろうか。評価できるとすれば、従来型の狭い意味での学力で、正答率という尺度くらいではなかろうか。優しさや親切さなどは評価できるかもしれないが、これからの時代を拓くクリエイティブ能力や創造性について、学校で評価できるはずはないと思う。

だから、理想を言えば、小学校段階ではすべての成績評価を止めて、日常的に教員が気づいたことをスマホから家庭向け掲示板にフィードバックしていけばいい。評価ではなくむしろ、最も身近な教育者による発見である。この子はこんな能力がある。この子はこうした感性に秀でている。先生でなければ気づかないことは、必ずある。

ただし、指導と評価は本来一体化しなければならないという基本からすれば、教員の仕事から評価行為を一掃するのは難しい。

具体的に言うと、引き算の問題を10問出して半分間違えた子がいたとする。その生徒がどこでつまずいているのかをテストを採点しながら先生が把握できなければ（例えば、繰り下がりのある計算が理解できていないんだな、とか）、何をどのように教えればいいのかは決してわからない。

現在、学校でしなければならない評価は3つあり、「知識・技能」と「思考・判断・表現」と「主体的に学習に取り組む態度」となっている。

私見を言えば、「知識・技能」については、算数の計算や漢字の書き取りを含めて早急にDX化し、AIによって間違えた箇所を分析し、児童が個別にキャッチアップできるようにしたらどうかと考える。なぜなら、指導力のある教員でないと、前述した「どこでつまずいているのか」を発見できないし、教員の質の低下でますます難しくなっていくからだ。私企業がAIによる学習サポートサービスを充実させているので、定量的な評価には、そちらを利用したらいい。

その上で、点数化しにくい「思考・判断・表現」と「主体的に学習に取り組む態度」という定性的な評価に教員のパワーをシフトさせたら良いと思う。

学期ごとの「通知表」を廃止してしまうだけなら、小学校には事例がある。

神奈川県茅ヶ崎市立香川小学校では、2020年度から通知表を廃止。それをきっかけに先生たちが「これは本当に必要なのか?」「他のやり方もあるんじゃないか?」と学校の当たり前を問い直す風土が生まれたという。

私自身は1993年、ロンドン移住時に長男が入学した地元の小学校で、英国流の成績通知の仕方に衝撃を受けた経験がある。小学1年生の手前の準備学級であったこともあり、数字による評価は一切なく、「これができる」「あれもできるようになった」と、「can do it」のオンパレードだったのである。日本の減点主義「これができない」「あれもできない」のアンチテーゼを見せられたような気がして、ガツンとやられた。今でも忘れられない。

こうした定性評価を徹底的に加点主義で教員が行なえば、児童の自己肯定感が上がることは間違いない。自分だけでなく他者に対しても長所に目が向くようになるので、ダイバーシティを加速する文化が学校から醸成されるかもしれない。

ただし、保護者にとっては不安だろう。算数の計算力や国語での文章能力が、学年集団の中でどれほど達成されているかが、わからないわけだ。とくに保護者は5段階評価で育った世代が専《もっぱ》らだからなおさらだ。「よくできる」「できる」「もう少し」のABC評価でもそれは曖昧だったが、「通知表」を出さないという行為は覚悟がいる。教員だって不安だろう。自分の学習指導が利いているのかどうか、毎回の小テストでわかるだろうとは言いながら、定性評価を自分の主観でどの程度していいのか、確信がないはずだ。

一方で、偏差値で示される領域が依然として存在する。受験である。数字で示される偏差値や学力については、中学受験をする児童と親には通っている進学塾からこれでもかというほどフィードバックがあるはずだ。しかもそのデータは、学内ではなく都道府県や全国レベルの他流試合だ。頑張り方が曖昧な絶対評価でもなく、相対評価でランキングも出てしまう。

小学校高学年からは、そうした塾との役割分担を前提にして割り切る手もある。なぜなら中学受験は一発勝負であり、小学校の内申書が功を奏するわけではないからだ。

中学高校については悩みどころだ。とくに高校は大学進学の問題が大きい。入学試験を受けないで大学に進学する高校生が半分を超える現状に鑑みると、系列校からの内部進学、指定校推薦、総合型選抜（旧AO入試）のそれぞれで、高校での成績や部活動を含めた学業の評価書の提出を大学側は望む。面接やプレゼン資料、小論文だけでは合否の判定が難しいからだ。高校側が「信用できる人物か」を保証することで、入試事務を軽くしている事情がある。

中学から高校への進学でも、一貫校でない場合は同じ力学が働く。

このところ教育委員会が掲げる研修会のテーマに、児童生徒の評価に関わる内容が数多く見受けられる。私は、評価に「興味・関心」が入ってきた頃から、ウソくささを感じるようになった。つまらない授業をしている教員側が、児童生徒がそれに対して抱く「興味・関心」の度合いを評価するなんておかしいのではないか、と。

今でも、過剰に評価を細かくする傾向には賛成できない。数値の細分化で精度が上がるような気もするが、しょせん人間による評価で細かなデータを積み上げても、そこには作為が重なるだけではないか。

なお、評価軸自体をネットワーク社会に合わせて改編する試案については、第7章「学校教育が生き残るための新時代の評価ルール」で詳述する。とくに高校での定性評価や大学入試では、実社会が重視する5つのリテラシーに改めた方がいいのではないかという提案だ。

データ重視でやるなら、先述した成田悠輔さんの『22世紀の民主主義』の提言のように、児童生徒発のデータ（出題された問題に対する答えだけでなく、あらゆる行動の指向性や興味関心を含めたもの）をAIがアルゴリズムで評価するような、先生の恣意が加わらないものに一気に進化させるしかないのかもしれない。

なお、「通知表」をなくすという選択は、各校の校長権限でできることを附言しておく。

教員の事務仕事を断捨離せよ

とはいえ、こんな危惧もある。もしも小学校で「通知表」の評価を止めたら、通知表を付ける事務は減るものの、かえって負担が増えるのではないかというものだ。児童生徒への向き合い方が、テストによる定量評価ばかりでなく数値化できない定性的なものになるからだ。その通りだろう。

しかし、この負担というのは、児童生徒と直接つながりのある本業なのだから、むしろ歓迎すべきものではないだろうか。であるならば、**別の事務仕事を徹底的に減らす必要があるのだ**。

教員が日常的にやっている事務業務で、リストラ可能なものを次に示す。

◆出席をつけない⬇高校生にはスマホ持ち込み可にすれば、スマホの位置情報の確認で済む。職員室での先生の出欠確認もスマホで済ませる。奈良市立一条高校では当時、教頭の前で教員が出席簿に判子を押していた。

◆板書しない⬇スマホとタブレットの活用。

◆宿題⬇タブレットの活用。

◆理解度のテスト⬇丸付けをしない。タブレットとAIサービスの活用。

◆学校からの連絡⬇プリントを止める。保護者のスマホへの連絡。

◆保護者との連絡⬇携帯からの一対一ではやらない、掲示板でコミュニティをつくる。

これ以外にも、タブレットを活用した事例は山ほどあるだろう。

本来これらは、教員が個人として選び取れる「断捨離」行為である。

しかし、最初に断ったように、教員は一所懸命頑張っちゃう種族なので（これ自体は断じて美徳だ）、「わかりません」「できません」「助けて！」がなかなか言えない。であれば、校長がリスクを取って決裁すればいいのだが、それでは9割の学校で実行されないだろう。

ならば教育長が「これは止めよう」「デジタルに移行しよう」と決裁すればそれで済むことなのだが、リスクを取れる教育長も少ない。

だから、いつまでも紙の書類とデジタルファイルが両方届く自治体もある。ナンセンスだ。しかも信じられないことなのだが、いまだに〝個人情報アレルギー〟も教育委員会にはある。例えば、「夏季プールへの参加案内」などをスマホのアプリで保護者に知らせようとすると、個人情報保護を盾に反対してくる現状がある。愚の骨頂である。

学校から保護者への連絡は、スマホを通してやるのが良い。そうでないと、教員がプリントアウトして児童に配らなければいけない。印刷室で順番を待ってプリントを作っている教員もいる。そうして配っても、親に見せない子もいるだろう。時代が変わったのだから、それらは時間の無駄だということが、なぜ教育長にはわからないのか……本当にウソください！

ということは、どうすれば、動くのだろうか？　どうすれば、変えられるのだろうか？マスクの一件に鑑みると、もはや文科省が「やれ！」とトップダウンで命じてしまった方が、始末がいいんじゃあないかとさえ思えてくる。決して健全ではないことは言うまでもない。だったら、首長が自らの責任で命じたらいいのだ。

ナナメの関係で正解のないテーマを学ぶ

3つ目に進もう。学校の味方を増やして、教員の手間を省く作戦だ。学校を外に向けて開くのではなく、**学校を核にして地域社会（コミュニティ）を学内につくる**方法で、だ。

成熟社会ではますます子どもが多様化し、家庭の状況が複雑化し、要求される能力も多岐にわたるし（英語やプログラミングなど）、人間関係の変化も激しくなる。

「もはや、職員室の先生だけでは学校を経営できないのです」

事あるごとに、私はそのように表明してきた。

先生にとっても、学校を外に開いたところで、地域社会もそれはそれでエネルギーレベルが下がっているから、結局疲れることが増えるだけだろう。そうではなく学校の中に「地域本部」を組成して、通常の青少年委員や児童委員、民生委員、商店会・町内会・自治会の会長ではないフォースを学校の味方に導き入れるのだ。

杉並区立和田中学校が「地域本部」を開始して以来、今では全国7割方の小中学校区に「地域学校協働本部」ができているが、それを本格稼働させる必要がある、という話である。

実は、親子がどんなに仲良くても、コミュニケーション能力が育つとは限らない。学校の先生が指導しても同様だ。なぜなら親子や先生・生徒の関係は、上下関係を基本にする「タテの関係」なので、子どもにとっては結局のところ忖度の対象になるからだ。いわばホンネが生まれそうで、生まれないのである。

一方、LINEに入っている友達の数がどんなに多くても、コミュニケーション能力の向上にはつながらない。友達同士というのは「ヨコの関係」で、同じようなテレビや漫画を観たりゲームをしたりして育つから、親子と同じように「あ、うん」の呼吸で通じてしまうからだ。

だから、子どものコミュニケーション能力を高めたいと思ったら、「ナナメの関係」を豊かにするしかない。お兄さん、お姉さん、おじさん、おばさん、おじいちゃん、おばあちゃんというような、直接の利害関係がない「第三者との関係」である。必ずしも血がつながっている必要はなく、コミュニティの中で、息子や娘にとってそうした役割を担ってくれる存在のことを指す。

詳しくは拙著『つなげる力』(文藝春秋)に譲るが、和田中では学校を核に地域社会の

「ナナメの関係」を再興する活動を行なった。

地域社会といっても、旧来の商店会や自治会は衰退気味。そこで、新しいボランティアの担い手を組織化することにしたのだ。教員になりたい学生、退職した団塊世代の経験豊かなビジネスパーソン、塾の講師などだ。こうしたパワーのある人々に土曜日に学校に集まってもらい「土曜寺子屋（どてら）」を開催した。

さらに、正解が1つではない課題を生徒と地域社会の大人とでブレストやディベートする「よのなか科」の授業を毎週行ない、「ナナメの関係」によって正解のないテーマを学べるようにした。

少なくとも土曜日の学校の運営は、こうして組成した地域本部に任せるようにすると、教員も安心できる。部活の指導も一部助けてもらえるし、和田中の場合には、図書室の運営まで任せていた時期もあった。

災害時の避難所も、「地域本部」ができている学校の方が立ち上がりが早いことが証明されているし、何といっても、学校の運営責任が地域社会との共同責任になるのが大きい。そうすれば、いいことばかりではなく、いじめ事件や不登校が増えたようなときにも、地域社会とともに解決することが可能になる。

普段から、学校の裏も表も世間が目撃していれば、一方的に「学校が悪い」「先生が悪い」という世論にはならないからだ。

教員の兼業が授業に活かされる

逆に、教員は自分の地域社会で豊かな役割を演じるようにした方がいい。

フィンランド視察に行ったときには、ある学校の先生は15時半頃には勤務する学校の業務を終えて家に戻り、その後夕方から、自分の地元で大人向けの歴史講座の講師を務めるのだと語っていた。しかもその学校の校長は、市議会議員との兼業だった。

4つ目の施策として、日本でも、兼業をもっと大幅に認める方がいいと思う。

今でも一々申請をすれば、テンポラリーな仕事はできる。本来、公立学校の教員には、自らの専門性を活かした兼職・兼業が幅広く認められているのだ（教育公務員特例法第17条第1項）。

でも、もっと自由なデュアルワーク・スタイルの教員が出てきていい。私は講演やテレビ出演などを兼業申請しながら行なっていたが、農業している校長やプロレーサーの教員がいてもいいのだ。

例えばｅスポーツとの兼業はやりやすいだろうし、ＹｏｕＴｕｂｅｒ教員も出てきてほしい。週末起業をしても、オンラインで独自に開発した教材の販売をやっていてもいいんじゃないかと思う。

そうした豊かな人生を営む大人こそが、次世代を拓く子どもたちを教えるにふさわしい。兼業で得た知見や体験談が、本業での授業のよもやま話に活きるだろう。説得力のある教えだ。子どもたちも、教員の実体験を直接肌で感じるから、成果は必ず還ってくる。

ひいては教職の募集に、より優秀な人材が集まってくるためにも、である。

第5章　授業のかたちをヴァージョンアップしよう

新卒採用数を増やすことなかれ

教員の指導力が下がり、学校の支配力も低下していることは第2章で明らかにした。学校教育は、①ベテラン教員が減り、②学力のフタコブラクダ化で「一斉授業」が機能しなくなり、③新卒採用教員の質が応募採用倍率の低下によって落ちている、という三重苦に陥っているのだ。

しかも人気職種ではなくなって久しいから、実際、教員が足りない。

全国で教員配置に2000~3000人不足しているが、だからと言って新規募集をかけるとさらに質が下がることが予想され、ベテランの負担が増してしまう。これは東京に限った話ではなく全国で見ても同様だ。2000年度の公立学校教員採用選考試験の倍率は13・3倍だったのに対し、2021年度の倍率は3・8倍という状況なので、採用数をこれ以上増やすことは、やってはいけない禁じ手だ。

教員の採用を増やしてはいけないと書いたが、必要に応じて増やした方がいいかもしれない領域もある。小学校の専科の先生だ。

もしも専科の部門を充実できるなら、小学校の算数と理科、英語とプログラミング授業が効果的だ。相性の良さから言えば、算数と理科は1人の先生でもいい。また、プログラミングはもともと英語で書かれているわけだから日本語で学ぶのは不自然だ。英語でプログラミングもしくは簡単な論理的思考法が学べるなら、これも1人の先生でいい。

しかし、小学校教育のプロ数名にヒアリングしてみたところ、専科を張れる算数や理科の教員がそうそう見つかるとは思えないと言う。算数・数学を人に教えられるほど優秀で理系に進む人は、教員にはならないだろうというわけだ。そのままプログラミングをかじってコンピュータサイエンスを専攻すれば、ゴールドマン・サックスのような投資銀行が年収1500万円程の初任給で迎え、翌年には3000万〜4000万円になる未来が見えてしまう。データアナリストも引っ張りだこだ。英語力の領域でも同様の力学が働くだろうから、優秀な専科の教員として小学校にやってくるとは考えづらい。

であれば、土曜日に学校施設を利用して、保護者や地域の人材、もしくは塾の講師を招き入れ、有償無償のボランティアに近い形で、算数、理科（手間はかかるが、テレビ番組ででんじろう先生がするようなサプライズ実験など）、英語、プログラミングを教えてもらう方が現実的かもしれない。

杉並区立和田中学校でかつて実践したような、経済的に厳しい生徒の進学指導のために塾とコラボした「夜スペ」のようなスタイルで、だ。

こうした現状を踏まえた上で、何とか、学校の教育力を維持することはできないのか？

これが、本章のテーマだ。

「最高のオンライン先生」を味方にしよう

現有勢力で戦わなければならないのなら、思い切ったＤＸ化によって、良い意味で教員の負担の省力化を図るべきだろう。これは第4章で詳述した。

また、若手教員の質が下がっていくとも述べた。ただしこれは、従来型の学校スタイルの末路のことで、既存の学習指導と生活指導をこのまま見直すことなく続けていけば、の話だ。

逆に学校のＤＸ化によって、スマホやタブレットという機器を思い切り教育ツールとして活用させていくのなら、若い先生の力がいかんなく発揮される。むしろ若手の能力こそが、必要とされる。結果、教員になった時点での学力が諸先輩に比べて相対的に低かったとしても、オンライン上にあるコンテンツを活かして、自分の授業力を高めていくことは若い先生ほどできるはずだ。

Z世代、アルファ世代の教員の逆襲だ！

独力での未来設計は要らない。要するに、自分が生身かつ独りで何もかも教えるのではなく、自分自身を「○○先生」というキャラとして捉え、ネットワークで教える方法を確立すればいい。**自分の背後に、何人ものオンライン先生を味方につけ、デジタルの教材にも精通した「ネットワーク先生」を演じる**こと。

これが、新時代の学校に求められる教員の姿ではないだろうか。

授業の一部は、その教科のその単元を教える「最高のオンライン先生」の動画でいいと割り切る。YouTubeから探してラインナップを揃えるのは、教職大学の在学中に済ませればいいだろう。教職課程を持つ大学のカリキュラムも、もはや、授業の姿をYouTubeやChatGPT登場以降の姿に変えなければ、ウソくさい！

何度でも言うが、動画なら一時停止もできるし、繰り返し再生できる。スピードも変えられる。生の授業は1回限りなので、ちょっと油断したら聞き逃すし、理解できていなくても終わってしまう。

のちに触れるが、やがて同じコンテンツを自分の好きなキャラに語らせることができるようになるだろう。ネット上では、すでにVTuberがしていることだ。

すでに訪れている超高度に発達したネットワーク社会では、学校という舞台で、授業という演目で、このように「先生」を演じることができる教員が求められていくのだと思う。


ここで少し、無駄話を挟むのだが、笑い話として聞いてほしい。

今しがた述べた「超高度に発達したネットワーク社会」についての話だ。私が和田中に赴任した2003年の時点で、コンピュータはすでに学校にあったし、Wi-Fiではないが校内LANのネットワークもあった。もちろん、メールでのやり取りもネットからWebを検索することも普通にやっていた（米国におけるグーグルの誕生は1998年）。

では、私たちが便利に使っている「コンピュータネットワーク」について、市区町村の行政文書ではどのように呼ばれていたか、ご存じだろうか？

「電子計算組織」である。私はこれには驚愕したものだ。

しかも、一部の行政機関ではいまだにこの古い法律用語を使っているのだという。恥を知ってほしいと思う。まだ「電子計算組織」の呼称を使っている自治体は、そこから直すべきだろう。何より、ウソくさいからだ。

次項ではまず、コロナ下でよく論じられた、オンライン学習の是非から検討していく。

オンライン授業による学習格差を解消しよう

最初に指摘したいのが、オンライン学習が「できる／できない」で生じる格差問題だ。オンラインで自律的に学んでいる子とそれができない子の間に学習格差が広がっているのは間違いない。

とくに都市部の中学生以上だと約半数は塾通いをしているので、コロナ下でもオンラインで塾のサポートによる学習フォローが利いていた。しかもネット上の教育サービスも認知度が上がり、学校の先生とは別に、オンラインの特定教科で気に入った「恩師」を見つける生徒も現れた。リクルートのスタディサプリや、オンライン英会話レッスン「DMM英会話」などで、個人で積極的に学習していた生徒もいただろう。こうした勉強はどんどん先取りして進められるから、学校の進み具合より早かった可能性もある。

一方、家庭にWi－Fi環境がなくYouTubeをサクサク見られない、経済的に厳しい児童生徒（一人親世帯を中心に貧困家庭の子は全体の7人に1人といわれる）は、コロナ一斉休校では当初、誰にもフォローされないで放っておかれた。勉強どころではなく、ゲーム三昧で生活習慣を乱していたかもしれない。

この間、給食もなくなり、非常事態宣言の影響で「子ども食堂」もほぼ閉まっていた。児童虐待が熾烈化する可能性もあった。

だから、経済的に厳しい子のことに鑑みると、学校のネット環境を整え、授業でもっとオンラインを使って効率的に学習を進められるようにすること自体が、格差を抑える意味でも重要であることが見えてくる。

こういう子たちは土曜日に親が遊びに連れていったり、スポーツ教室や音楽教室に通わせてくれたりはしないだろう。塾にも行っていないとすれば、自宅でゲームか、そうでないとしても、盛り場のゲームセンターで怖いお兄さんにオルグされる可能性もあるのだから、できる限り土曜日の学校は開放して生徒の居場所にするのが良いと思う。

効率的に学習を進めるという意味では、究極的には、一人ひとりの理解度や学力に応じて、オーダーメイドでカリキュラムが組まれ、時間割も個別に組まれるのが理想だろう。

それが「アダプティブ・ラーニング」といわれる学習法だ。しかし、技術的にいって、学校教育のすべてのカリキュラムでそれを即実現するのは難しい。

だからここでは、みんな一緒の「一斉授業」と、一人ひとりそれぞれの「アダプティブ・ラーニング」の間を突き、かつ学校の教室で集団で学んでいるメリットを活かせるような手法を開発しなければならない。

また、GIGA端末をもっと自由に使わせたらいいと思う。朝でも放課後でも、例えば図書室に場所を定めてもいいから、「ゲームは禁止」などの制限をつけた上で、だ。自宅に持ち帰らせる場合には、自治体から簡易なWi-Fi設備も一緒に貸し出す必要があるだろう。そうでないと、さらに学習格差が広がってしまう。

こうした**オンライン教育を進めるには、ハード面の整備とソフト面の整備の歩調を合わせることが最も重要**だ。ハード面については、コロナ以前から政府には「GIGAスクール構想」があり、補正予算にも大胆に組み込まれ、実際に端末が教育現場に配られた。

だからここでは、運用面の問題に絞って語っていく。

まず、「オンラインか、学校か、ではない」ということを最初に断っておきたい。二者択一の話ではない。

どっちがいいんだろうとか、本当の教育は生でなければできないとかいうのは、みんなウソである。私がこれから提示しようとする学校の新しい授業スタイルは、オンライン動画を流しながら教室で生徒と先生が一緒に学ぶのもあり、というものだ。

ただし、オンラインも学校も、手段である。繰り返すが、あくまでも手段なのだ。手段として、オンラインをやれば教育が豊かになるわけではないし、ましてや学校の教育力の地盤沈下が止められるわけでもない。さらに子どもたちにとっても、先生が学校でオンライン動画を使えば、授業に興味が湧いたり、理解が自然に早まるわけではない。

要は、運用次第なのだ。

日本の社会では手段が目的化しやすいのにお気づきだろうか。

今さら言うまでもないことだが、レストランでワインを嗜むのは会話を楽しむためなのに、ワインのうんちくでお客の会話を台無しにしてしまうソムリエがいる。バレンタインデーは本来女性が意中の男性に思いを伝える手段としてチョコを渡す極めて日本的な儀式に過ぎないのに、あの子にもこの子にもと大量に買い求めたり、自作のチョコをキッチンで量産したりする作業が女性たちの苦行になってしまった。

コロナ騒ぎでも、マスクの使用が必須の手段のように崇められ、一時は医療用マスクまでが不足する事態に。いずれも、手段が目的化してしまった事例だ。

次に、オンライン教育の運用を論じるにあたり、前提となる以下の2点を無視して話を進めても意味がないので、ここで触れておく。

1つは、成績上位者（喩えて言えば偏差値65程度以上）とそれ以外の子とでは、自律的な学習をやらせた場合、その効果に大きく差が出る現実がある。

学齢期から言っても、高校生には無理はないけれど、小学校低学年に自律的なオンライン学習は厳しいだろう。

2つ目は、学校にＷｉ－Ｆｉ設備が敷かれ、家庭でも学校から配信されるオンライン学習が日常化したとしても、その中身が旧来の一斉授業スタイルだったら、最初は珍しくてもやがてはリアルな授業と同じように子どもが飽きてしまう。

だとすれば学習効果も薄い。要するにオンライン、オンラインと学校の教員に言うだけでは足りない。予算が整えばオンライン授業に切り替わるだろうが、そこでＡＩ×ロボット時代にふさわしい進化した教育が行なわれるとは限らないのだ。むしろ、旧態依然とした教育がそのまま動画になって配信されるだけ、という姿になりがちだ。先にも指摘した通り、「一斉授業」が「デジタル一斉授業」に見た目が変わるだけだという意味だ。

つまらない授業は、オンラインに載せるともっとつまらなくなる。

これらの現実を踏まえて、**「オンラインの3つのタイプ別利用法」**は次のようになる。

【タイプ①】「勉強アスリート」は勝手に進ませろ

まず、自分でカリキュラムも時間割もマネジメントできる子（たぶん偏差値65以上の生徒）はなるべく学校に来ないでオンラインで学習して良い。つまり**「積極的不登校」のススメ**だ。主に、義務教育を修了した高校生をイメージしている。

そのときの指導教員は、学校の先生に限らず、ネットの向こうの恩師を自分で捕まえるようにすればいい。担任の英語の先生より、例えば、スタディサプリの関正生先生の方が教えるのが上手なら、勉強の効率も上がるだろう。もちろん、塾講師でもいい。

ちなみに、私の実体験を話そう。今から50年近く前の話になるが、高校3年の夏にバリバリの理系クラスにいたにもかかわらず、物理と化学の授業がつまらなくて文転。2学期からの大半の授業が受験科目と関係のないものになってしまった。

受験に有利だと判断して受験科目に選択した「生物」と「地学」は1、2年で終わっていたし、「地理」と「世界史」も3年生の科目ではなかった。週に5コマ以上あった「数Ⅲ」も受験では要らない教科に。なので、自分で勉強カリキュラムを編集し、個別に先生にお願いして授業中に別の受験科目の勉強をさせてもらうことになった。

「教室内不登校」というわけだ。

進学校にいる生徒は、例えば東大や京大を目指すとか医学部を志望するとか、相互刺激しながら学び合っている側面もあり、その集団としての環境力が生徒に大きく影響するのも事実だ。朱に交われば赤くなるのである。だから、進学校の場合は、変わらず先生の授業を受けながら、放課後の図書室などでオンライン学習する併用型が望ましいだろう。

勉強で頑張るタイプの子は、次に述べる「運命の子」カテゴリーのうち「勉強」という競技におけるアスリートだとも言えるから、「勉強アスリート」と呼ぼう。

フィギュアスケートの羽生結弦さんや紀平梨花さんに代表されるような、早期に自分の前半の人生のテーマを決めている「運命の子」がいる。

こういう「運命の子」にとっては、自分のテーマに沿った学びに集中する必要があり、余計な授業は受けたくないのが本音だろう。だから、私立の通信制高等学校「N高」のように、できるだけオンラインで学んで高校卒業資格が得られるスタイルが普及すべきだ。

昨今では、ホリエモンなどの起業家がフリースクールを設立するケースも相次いでいるし、Sansanの寺田親弘《ちかひろ》社長の肝いりで見事な奨学金制度を備えた「神山まるごと高専」も徳島県に誕生した。起業家を育てる私立の高等専門学校だ。高校生にはもっともっと多様な選択肢が用意されて良いように思う。

高校は義務教育ではないのだから、普通高校以外で自分のテーマを追いかける子が、300万人の高校生のうち半分くらいはいても良さそうだ。ましてや、AI×ロボット時代には「普通高校から普通の大学へ、そして普通の大企業へ」という道は閉ざされていく。普通の綺麗なホワイトカラーの仕事がAIやAI武装したロボットに奪われていくからだ。中間管理職という存在自体に、賞味期限切れが近づいている。

【タイプ②】7割方には教員と最高の動画のハイブリッド授業を

大半の生徒はタイプ①ではない。学習への動機付けや学習法のオリエンテーション、あるいは褒めたり叱ったりといったフォローが必要だろう。

7割方かもしれない。この中間層がオンライン学習で伸びれば、社会的な意義は大きい。だからこの層には、学校での本格的なオンライン教育がしっかりと施されて良い。

やり方はこうだ。183ページの**図3**を見ながら従来型と比較してほしい。


一言で言えば、「教員と動画とのハイブリッド授業」になる。


先生も児童生徒と同じサイドに座り、黒板もしくはホワイトボード横のスクリーンを一緒に観るスタイルだ。

スクリーンに映し出すのは、その教科のその単元を教える「最高の先生」の動画である。「最高の先生」の選択は、本来は児童生徒の投票に任せられるべきだが、担任の先生自らの動画でも認めることにする。先述の通り、大学で教職課程を学ぶ間に、そうした自分の教科のベストセレクションを揃えていけばいい。

手始めとして、自分が得意な分野は生で授業を行ない、不得意な分野だけ「最高の先生」の動画を視聴するスタイルで良いと思う。

ＹｏｕＴｕｂｅでこれだけ授業動画が豊富にアップされているのだから、例えば「算数」教科で「図形」を学ぶのに、全国で一番教え方が上手い先生は必ずいるはずだ。

もちろん、児童生徒にも好みがあって、「合う／合わない」はある。のちにもっと詳しく述べるが、男女でも好みは違うかもしれないし、たとえ難しい概念でもドラえもんやポケモンのキャラクターが教えてくれるなら理解できる、という子もいるだろう。

担任の先生は、直接児童生徒に語りかける方法ではなく、横に寄り添って動画が教える知識をサポートし、わかりにくいところを止めたりリピートしながら解説を加え、授業を進めていくのだ。もちろん、練習問題をやらせることも必要だ。

要するに、**ファシリテーターの役割を教員が担う**のである。ファシリテーターとは、進行役のことだ。

よく、学校現場を知らない評論家が「これからは教える必要はない。コーチングが大事だ」と主張したりするが、私が言っているのはそういうことではない。

教えていいのだ。教員は遠慮なく教えていい。当然である。

図3　「オンラインの3つのタイプ別利用法」

タイプ①　「勉強アスリート」は勝手に進ませろ

フリースクールで学んだ方がいい「運命の子」と、運命の子の一分野である「勉強アスリート」は、オンラインでその興味、関心を無制限に伸ばしてあげればいい。

タイプ②　7割方には教員と最高の動画のハイブリッド授業を

黒板横のスクリーン（やがて、黒板に貼り付けて使う模造紙のような薄手のディスプレイが開発されるだろう）で民間が作った「最高の先生」の授業動画を観ながら、教員がその場で授業をファシリテートするスタイルに改めよう。各教科の当該単元を教えるのに、最もやさしく、面白く、上手に教えられる教師の動画を国民の財産として活用しようとするものだ。このコンテンツとしてNHKが撮りためた映像も、学校には無制限に無料で開放してほしい。

タイプ③　経済的に不利な生徒にはWi－Fiと端末を無償で貸し出せ

それでもまだ残る課題は、家にWi-Fi環境がない場合、オンライン授業を開放しても、どうしても不利になってしまう現実がある。本当は5Gの次の世代になったら、スマホ各社が18歳以下の子には（教育利用に限って）動画利用を無制限に開放してくれればなおいい。

ただし、自分の不得意な分野も実のところあるだろう。小学校の教員だったら、社会科と国語は得意だが、算数と理科は苦手というように。そうであるなら、苦手な教科の「最高の先生」をＹｏｕＴｕｂｅから探してきて、それを観ながら生徒と一緒に自分も学べばいいのだ。

中学の教科の先生でも同じだ。英語を教えるのに、自分は必ずしも発音が良くないと自覚している先生は多い。だったら、ネイティブのわかりやすい授業動画を見ながら、自分は進行役に徹し、どうも理解が進まないような生徒を見つけて横から助けるようにする。文法上のことなどは、繰り返し暗誦が必要な箇所もある。一緒に暗誦すればいい。「最高の先生」とコラボしながら、遠慮なく教えていいのだ。

ただし、授業がまるでダメな先生や、「最高の先生」の動画を選んでファシリテートする能力に欠ける先生は、全国学力テストではっきり結果が出てしまうだろうから、否応なく淘汰されていくはずだ。

２０２２年度には、山梨県と千葉県で60回近い授業を行なったのだが、その私の現場感覚から、オンラインを活用したタイプ②の教室運営はこうしたらいいのではないかという具体案も示そう。

まず、正味45分の授業では、「最高の先生」の動画視聴は15分程度に限られるだろう。それ以上は集中力が持たないからだ。もちろん、前振りの無駄話があってよい。そして、動画視聴の後は、児童生徒を3分割して授業を進行する。

●グループ1● 1回の動画視聴で理解できたグループ。多くは塾に行ったり、独自教材ですでにその単元を学んでしまっている児童生徒かもしれない。このグループには先生側に回ってもらう。「ミニ先生」のグループである。

●グループ2● 1回で即理解したわけではないが、だいたい内容をつかめたグループ。ただし、確かめが必要だろう。このグループには、グループ1のミニ先生が教える役に回る。お互いに教えあい、学び合うわけだ。グループ1の児童生徒にとっても、自分がわかったつもりから「わかった」になるには、他者に教えてみる必要があるので、まだ完全にはわかっていない級友なら手頃な対象だ。教えてみて相手が理解したら、双方嬉しいだろうし、その後、お互い関連問題を作り合って出せるようなら、本物の理解によ

図4　授業のスタイルを変えて学力UP!

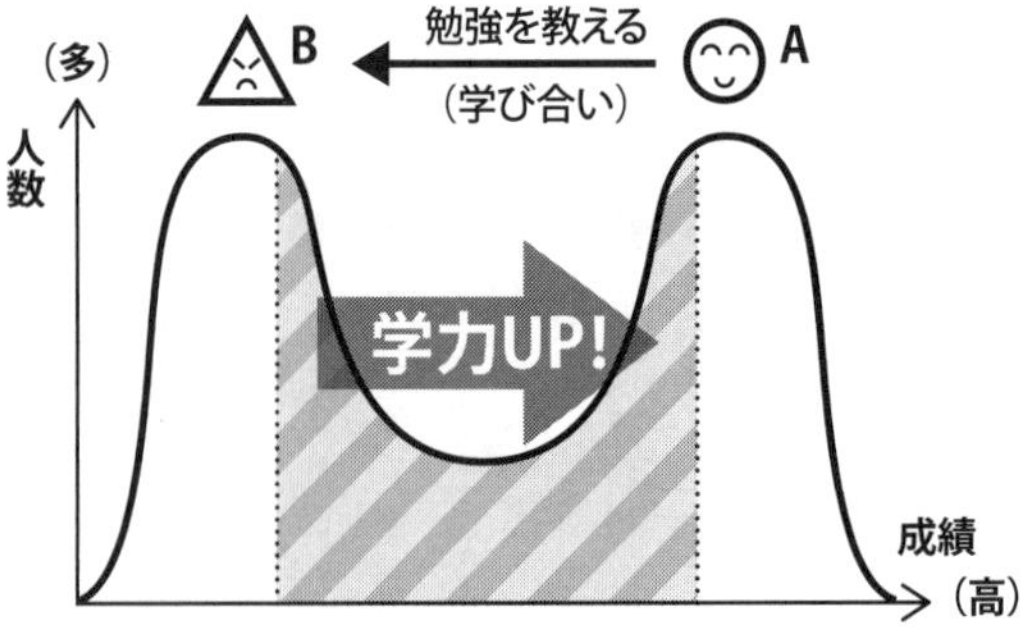

り近づく。

第2章で解説した「フタコブラクダ」でいうと、右（吹きこぼれ集団）のコブの左側の子と、左（落ちこぼれ集団）のコブの右側の子が、教え&学び合いによって、右側に寄ってくれば、必ず教室全体の学力は上がる。英語のスキット練習などでは、この「できる子」と「できない子」にタッグを組ませることが大事だ。決して「できない子」同士を組ませてはいけない。

●グループ3●　「最高の先生」のオンライン動画でも、わかった感じがしないグループ。このグループには先生が傍らに張り付く必要があるだろう。大学生などのインターンのサポートがあれば、なおいい。

こうしたダイナミックな動きが教室に生まれれば成功だ。

ここで、スマホとGIGA端末を併用できるのがベストである。

高校では、個人のスマホとGIGA端末（タブレットかパソコン）を併用するのが理想だ。両方とも授業中Wi-Fiにつなぎっぱなしで使うのだが、主にスマホは生徒からの発信（アウトプット）用。Cラーニングを通じた意見やアイディア、そして質問の発信や、授業評価に使う。一方、GIGA端末は受信（インプット）用だ。Webで調べたり、検索したり、ときにChatGPTに質問を投げかけたり。

ただし、ChatGPTの授業での利用については、もう少し研究が必要だろう。


【タイプ③】経済的に不利な生徒にはWi-Fiと端末を無償で貸し出せ

経済的に不利な子。とくに自宅にWi-Fi設備がない子やギガ数が少ないプランにしか加入していない子はYouTubeでサクサク学べない。

これについては、奈良市がコロナ後にいち早く始めたのだが、小学生で経済的に厳しい家庭にWi-Fiルーターとタブレットを貸す施策が有効だろう。高校生であれば、スマホの所有率は97％を超すが、一部生徒を救うために、奈良市立一条高校では簡易端末を教育委員会が買って貸し出していた。

もちろん、5Gの次の世代になったら、スマホ各社が18歳以下の子に対して、教育目的であればダウンロードし放題のプランを作ることも期待したい。

あるいは政権が、NHKの蓄積したコンテンツの教育目的での無償提供も含めて、関係各社に行政指導をする手もあるのかもしれない。

GIGAスクール構想の今後の展開と併せて、注目している。

さて次は、ソフトの問題だ。放っておくと、たとえオンライン授業のための設備投資が行なわれハード上の課題解決が進んでも、ソフトがまるで進化しないことは十分に考えられる。

学校のカルチャーは「正解主義」「前例主義」「事勿れ主義」だとたびたび指摘しているが、このままではオンライン授業を始めた公立校のサイトは、黒板を背にひたすら解説する「教室での一斉授業そのまま型」と、決して美しいとは言えないパワポを表示してひたすら読み上げる「パワポ読み上げ型」の2つのタイプに埋め尽くされる可能性がある。

Ｇｏｏｇｌｅ登場以前にネットスケープを利用した世代は覚えていると思うが、インターネット上にｗｅｂというものが一気にあふれかえった時期には、加工度が低いゴミのようなｗｅｂが無制限に製造された。その再来だ。

それを防ぐためにはＧｏｏｇｌｅのような評価機能が必要だし、ダメな動画は外されていくべきだ。**「最高の先生」システムに、ダメ動画を淘汰させる機能を実装**しなければならない。生徒所有のスマホにその評価機能を持たせるのが次の手だ。

高校では生徒所有のスマホで参加性を高めよう

高校では、全校でＷｉ－Ｆｉを導入し、生徒所有のスマホを常時接続して授業を立体化させる。これが、一条高校で試みた方法である。

何がいいかと言うと、先生がわからない言葉を発した瞬間、生徒はいちいち手を挙げることなくググって（Ｇｏｏｇｌｅで検索して）その言葉の意味を解明できる。

また、Ｃラーニングのようなソフトを入れれば、生徒からの質問や意見の聴取がしやすくなる。「意見のある人、手を挙げて！」とか「質問がある人、手を挙げて！」とやっても、40人の教室で手が挙がるのはいつも8人程度だ。小学校から手を挙げ慣れている成績優秀者5人と、目立ちたがり屋の3人くらいじゃあないか。あとの32人はその時点で思考が止まっている。

そうではなく、「はい、全員スマホから意見を述べてください」「スマホから質問してください」とやれば、一条高校でやった実践では、軽度発達障害の子を含めて全員の意見や質問が前方のスクリーンに表示された。

だから、みんながどう考えているか、どんなことを質問しているのか、どこまで理解しているのかをクラス全体で共有しながら授業を進めることができる。

ただし、これをバリバリやるには、Ｗｉ－Ｆｉ設備以外に、すべての教室に吊り下げ型の短焦点プロジェクターか大型ディスプレイが設置されている必要がある。そうでないと、プロジェクターをいちいち教室に持っていってセットする必要があるからだ。この時間だけでももったいないし、先生たちは、ちょっとでも「めんどくさいなあ」と思ったらやらない。徹底するにはこの設備も先手を打った方がいい。

一条高校ではそれをした。

自分のスマホからなら、こうした授業への参加性が格段に高まる。気軽にＬＩＮＥ感覚で、自分の今の気持ちを意見や質問として発信できるからだ。両手フリック入力に慣れた子などはしゃべるより速く、2分間で200字くらい打ってくる。パワポで6行分くらいの文章を、だ。

記名式にもできるが、一条高校では無記名で通した。その方が遠慮なく自己開示ができるからだ。場合によっては、いったん打ち始めたけれど「これじゃあ意見になってないな」と送信ボタンを押さない子もいるが、それでいい。

誰がどんな意見を言ったのかはわからない。だが、無記名だからこそ、極端な意見や突飛な質問も遠慮なくつぶやける。これが最大のメリットだ。

文科省もよく、これからの時代には「思考力・判断力・表現力」が重要だというけれど、予定調和ではない想定外の事象に対する「思考力・判断力・表現力」は学校の先生でも心もとない。たぶん、授業でこれを教えることは不可能だろう。

でも、生徒が学び取ることはできる。もちろん、不断の練習を通じてである。

これを促すには、スマホから頻繁に意見や質問を言わせる工夫が大事になる。つまり、**「思考力・判断力・表現力」は知識を詰め込めば自然にできるようになるものではなく、**

意見を言う練習量が圧倒的に必要なのだ。

このためには、Cラーニングのようなツールを通じて、しょっちゅう自分の意見を言わせることを学校で常態化した方がいい。

おまけに、スマホ併用授業の意外なメリットは、授業を生徒が評価できること。今終わった英語の授業に対して「1、よくわかった」「2、まあまあわかった」「3、あまりよくわからなかった」「4、まったくわからなかった」の4段階評価で、生徒のスマホからフィードバックを取るのだ。2秒でできる。

即時に円グラフで表示することも可能だ。

一条高校の若手教員の中には、毎時間つなぎっぱなしにして授業に対する評価を聞き、フリーコメントを書かせている猛者もいた。フリーコメントの中には「眠い、眠い、眠い、寝ミー〜〜〜〜〜!」ってなものも混じっていたが、なかなか大らかでいいんじゃないかと感じたものだ。

授業の値段は1コマ1000円なり

本当なら併せて、次のような相対評価もしてもらいたいところだ。

率直に問わせていただくが、公立の学校での授業にどれくらいの費用がかかっているか、あなたはご存じだろうか。

小中学校でだいたい1年に100万円、高校だと150万円は税金から投入されている。その7割以上は教員の人件費だ。

公立の授業はタダだと勘違いしている生徒も多いが、何より校舎には10億円以上かかっているし、黒板も白墨も私企業の製品だ。教科書だってタダではない。民間企業である教科書会社が出版したものを国と自治体が購入している。さらには電話代、水道代、ガス代や電気代などの光熱費。エアコンをブン回せば夏も冬も電気代がかさむし、プール一面分を満たす水も数十万円はする。

さて、ここで問題。

では、それらをひっくるめて考えたとき、児童生徒が受けている「授業1コマ」のコストは一体いくらだろう?

答えは、1000円である。小中学校ではだいたい年間で1000コマの授業が行なわれるので、100万円÷1000コマ＝1人1コマ1000円かかっている、という計算になるのだ。高校では通常夏休みなどに補習が行なわれるから、それも合わせると150コマ程度の授業数となる。同じように計算すれば、150万円÷1500コマで、同様に1人1コマ1000円だ。

つまり、授業の値段は1コマ1000円なのである。

高校生の映画鑑賞料と同じ値段だ。

このことから校長時代に私は常々、教員に向かって**「今終わった授業に生徒のすべてから1000円のおひねりが飛んでくる価値があったか？」**と自ら振り返ってほしいと要望していた。

実は、こんなことも考えた。5コマの授業がある日の朝に、生徒一人ひとりに1000円札を5枚持たせる。そして1コマの授業が終わるごとに、先生にそれを渡すか渡さないかを考えさせる、というようなチャレンジだ。だが、さすがにそれはやり過ぎだろうと諦めた。

教育改革の議論でよく「バウチャー制」という論点が出てくるが、これは、税金を教育委員会に委ねるのではなく直接保護者もしくは児童生徒本人に渡して選択を任せ、公立校、私立校、塾、予備校、スポーツ芸術のスクールなど、どこの教育機関で学んでもいいようにする制度のことを言う。

小中学生には1コマ1000円のチケットを1000枚（100万円分）、高校生なら1500枚（150万円分）をもぎりやすいバウチャーチケットの束にして渡し、どこで授業を受けても1コマ1枚を渡せばいいようにするわけだ。

授業がオンラインになると、このシビアさがますます実際に要求されるだろう。リアルな先生と、ネット上の動画で指導する先生の違いが次第に曖昧になり、授業の質に関する競争が起きるからだ。

私の経験から言って、子どもたちは目の前で起こる授業というイベントが、リアルかバーチャルかはそれほど気にしない。ゲームをやり慣れているからということもあるし、生まれたときからリビングにあるテレビは家族の一員だった。

ゆえにオンライン授業を普及させることは、授業の質を上げることも条件になってくる。何度でも言おう。オンライン授業というのは本来、従来型の教員による一斉授業をただオンラインで再現したものではない。この認識が重要なのである。

児童生徒の側からいかにしてフィードバックを取り、子どもたちが生み出す情報を教員側に逆流させるか。この逆方向の流れがなければ、いかなるＩＣＴ教育も意味がないのである。「オンライン授業というのは双方向授業のことだ」と、先生たちには再認識してほしい。

スマホはセキュリティ上でも必要だ

「スマホを授業中に自由に使わせるなんてとんでもない！」

「授業を受けているふりをしてＬＩＮＥで彼女とダべったりゲーム三昧したりしたらどうする？」

「生徒をスマホ依存にさせる気か！」

教員たちの中にはこんな危惧が多い。ましてや休み時間や放課後にＷｉ－Ｆｉを開放するなんて「愚の骨頂」だと反対する人もいる。

実際、通学時に持参したスマホは「電源を切ってカバンの中に入れておくこと」をルールにしている学校は多い。スマホよ。生徒指導上、これほどまでに忌み嫌われているモノはない。

落ち着いて考えてみよう。

スマホが学問の、交友の、人間形成の育成を阻む魔の存在であるというのは本当か。

いや、違う。スマホが元凶なのではない。もしもそうだとしたら、大人たちが肌身離さず携えているのはおかしいじゃないか。分別のある大人たちこそ、持つべきではないじゃないか。しかも、すでにもう「学校ではスマホ禁止」という時代ではないことを、私たちは震災やコロナ禍を経て知っているのではないか。私は心底そう思う。

繰り返しになるが、スマホの電源を切って、カバンの中に入れたとしよう。これも前述したが、万が一（避難訓練ではなく）地震や津波や火災で本当に避難する状況に陥り、ロッカー内にカバンを残して逃げなければならないとき、カバンの中の携帯電話が置いてきぼりになってしまう。そんなことがセキュリティ上、許されるはずがない。

「一斉」にという教育システムが時代遅れになった。産業界でも、みんな「一斉」にを支援する産業が衰退すると同時に、ネットを通じて「バラバラ」な個をつないだり、「バラバラ」にできる機能をサポートする産業が勃興した。コロナ禍明けの2023年から10年で、**「一斉」族が負けて「バラバラ」族が勝つ構図は、よりいっそうはっきりとする**だろう。

使い方が心配なら、生徒と協議して、生徒自身にルールを作らせればいい。新しいルールであり、マナーである。

例を挙げよう。一条高校では、スマホの使用は教室か図書室に限っていた。しかも、立って使用することを禁じ、必ず座って使用することとしていた。教室以外で立って利用ができるなら、廊下を歩きながら、階段を下りながら、というような私たちが日常にする「ながらスマホ」が校内で可能になってしまう。

私はそういう姿を学校では見たくなかったし、先生も生徒も同じだった。

マナーを守って気持ち良くスマホ併用授業ができるようにするには、各校独自の試行錯誤が必要だろう。一条高校でも一度だけ、生徒が不用意に教室で撮った友人のスマホ写真をインスタに上げたことがあった。生徒はもちろん注意されたが、その後、私の在任する2年間に一度も事件というほどのことは起こらなかった。「それはルール違反だ」という認識が、生徒たち自身にも刷り込まれたのだろう。

生徒を信じて、ルールを託そう——ということは腹の据わった校長しかやらないから、ここは、教育長が命じちゃった方が実現しやすいと思う。

高校は都道府県教委の配下だから、知事が「GO!」と言えばいい。いかがでしょう?

ちなみに、生徒がスマホをWi-Fiにつなげた時点で一条高校では校内ポータルが立ち上がり、GoogleとCラーニング、スタディサプリなどを使えるシステムになっていた。このとき、教員のタブレットに「誰がWi-Fiにつないでいないか(誰が公衆回線でLINEやゲームを覗き見している可能性があるか)」のアラームを上げる機能も実装可能だった。しかし、先生たちが協議した結果、生徒を信用してアラームは実装しないことに。一条高校の先生方は、生徒と先生の信頼関係を重んじたのだ。

さらに言えば、位置情報を把握することも可能になる。教員の出欠についても、教頭がいちいち職員室で出席簿に判を押させて管理している学校もあるが、もはや時代遅れだ。スマホの位置情報で職員室もしくは学校敷地内に入った段階で「出席」とすれば良い。

スーパー・スマート・スクール化への道

このように、スマホとCラーニングのようなシステムを噛み合わせることで、教員が行なっていた無駄な事務仕事が減る。

一条高校の例で言えば、毎年生徒１０００名分の「学校評価」アンケート（「授業はわかりやすいですか?」「先生はあなたの相談にのってくれますか?」など数十項目に及ぶ）をスマホ入力にし、自動集計した。今でも、紙に書かせたアンケートを若手の教員が学校のパソコンに打ち込んでいる学校もある。さらに、いじめ調査や保護者への同じ項目のアンケートもスマホから打ち込んでもらい自動集計から作表までをすることで、教員の事務作業の手間が省かれることになる。

スマホ×Ｗｉ－Ｆｉ×Ｃラーニングのようなマネジメントシステムの導入で、教員の事務の手間を省き、圧倒的に児童生徒に向き合う時間を確保することが「スーパー・スマート・スクール」化の狙いである。

高校全校への導入が進み、あらゆる課題の解決が試行錯誤で進んだら、次は中学校でも同じように、スマホ併用型オンライン授業を進めて良いと思う。先述の通り、小学校については議論が分かれると思うので、その後、じっくり検討してからでいい。

繰り返す。

学校の教室では、オンラインで「最高の先生」の動画を活用しよう。

その際の障害は、教員たちのプライドだ。先生方の必要以上の自負心が、普及に「待った」をかけるのである。

本来、教えたがりが教員になるのだから、自分じゃなくて「最高の先生」の動画を使えと言われても、「ハイ、そうですか」とはいかないだろう。

でも、若手の先生はかえって、ありがたいと思うかもしれない。不得意教科を教えるのは苦痛だからだ。また、学校の仕事の事務量が増え、なかなか授業研究を進める余裕がなくなっている現場の実情もある。

50代のベテラン教員が現場から去る今こそ絶好の機会でもある。スマホネイティブの若手にこのムーブメントを託したい。

それでも、一対一対応が必要な（とくに小学校3年の算数で落ちこぼれた）低学力者や個別フォローが必要な軽度発達障害者、外国籍の子など、先生による手厚いフォローは小中高校のすべてで必要だ。オンライン動画との両刀で教えれば、先生がよりフォローの必要な生徒に寄り添える。こうした事実も、実践が進めば自ずと理解されていくだろう。

さらに、体育祭や文化祭のような行事やイベント、校外学習、「よのなか科」のような思考力、判断力、表現力を育てるワークショップ型探究学習にも先生のリーダーシップが相変わらず求められる。ゆえにこの変革は、教師になろうとする人々の動機付けを削ぐことには決してならない。

先生のキャラを生徒に選ばせるDXミライ

さてさて。DX化が進めば、こんな未来も見えてくる。近い将来に、だ。

同じコンテンツでも異色のキャラが伝えると、児童生徒の性格や興味関心によって通りがよくなるんじゃあないだろうか。腹への落ち方が違ってくるはずだ。

先生が生徒に教えたい内容について、以下のような異なるキャラが同じ内容を説明したとする。生徒によって、より理解が進むのがどのキャラかは違うはずだ。

ということは、コンテンツは同じでも、伝えるキャラを個人に選ばせることも考えられる。アダプティブ・ラーニングの応用である。5年くらい経てば、ほぼ同時翻訳で言語の壁は越えられるだろうから、3年生の算数は、分数を手振り身振りで教えるのが上手なエンタテナーばりのアルゼンチンの先生から習うことになるかもしれない。好みの先生からの教えであれば、理解度にも差が生じるはずだ。

同じコンテンツを、

◆いかつい男の先生が伝えるのと、
◆やさしい女の先生が伝えるのと、
◆はるな愛ちゃんのような明るいニューハーフが伝えるのと、
◆ジャニーズ系のイケメン男子が伝えるのと、
◆絶世の美女が伝えるのと、
◆池上彰さんが伝えるのと、
◆西野亮廣さんや中田敦彦@NAKATA UNIVERSITYさんが伝えるのと、
◆YouTuberの○○先生が伝えるのと、
◆アルゼンチンの面白先生が伝えるのと、
◆漫画のキャラが伝えるのと、

あなたは、どれを選ぶだろう?

私が校長をしているオンライン寺子屋「朝礼だけの学校」では、10代から80代までの老若男女200人あまりが、主に、教育や仕事や人生をテーマに「生徒全員が先生」というコンセプトで日々学んでいる。「目覚まし朝礼」で出題された「お題」に対する自分の意見を投稿しながら「情報編集力」を鍛え、人生の「希少性」を自ら磨き上げていく。そんな志を共有するオンラインコミュニティだ。

2023年で3年目に入り、新しいチャレンジが始まった。

昨年度から、「校長くん」AIを開発中で、私の過去の著書92冊累計160万部に登場する決め言葉(キーワード)を300ほど選び出し、ベストセラー全集「人生の教科書」コレクション(ちくま文庫)に載せた100万字の文章とともに教え込んでいる。生徒=先生の仕事・人生・教育分野の質問や悩みにどれほど応えられるかを試しているのだ。

このAIに、私とは違う声で、違うキャラで語らせたら、ユーザーへの通り(腹落ち具合)がどれほど違うのか、メタバース内で「MEキャンパス」を運営するMetaLabと共同研究する計画もある。

例えば、「100年の人生であれば、一つの仕事、一回の人生では生ききれないし、死にきれない」「3つのキャリアの大三角形で100万分の1の希少性をゲットしよう」「夢を捨てたら手段に殺される」「根拠のない自信で突き進め」「組織の名刺やブランド品で自分を語るのは止めよう」といった、おみくじのヘッドコピーのような決め言葉。それを67歳のジジイではなく、17歳の女子高生キャラがしゃべったら、高校生の納得度は果たして上がるのか？

伝えるメディア（先生の種類）が違うと、どれほどメッセージの通りが違うか、この実験結果は実に楽しみだ。

学校は生徒が「わかる」まで責任を負う場所ではない

授業改革について述べた本章の最後に、多少、耳障りなことを加えて締めるとしよう。保護者には初耳だと思うし、今から私が述べることを聞けばギョッとするかもしれない。これも教員の間では、タブーに属することだからだ。

たいていの人は、学校とは「知識を得るために通う場所」「わかるようになるために通っている場所」と考えているはずだ。そして学校の先生は、児童生徒が「わかる」ための仕事をしているのだ、と。

残念ながら、それは違う。

学校に行けば「わかる」ようにはならない。「わかったつもりになる」ことは可能だ。つまり、**学校というのは、児童生徒を「わかったつもり」にさせるところ**なのである。決して「わかる」まで責任を負う場所ではない。

これは、私が尊敬する井出隆安・元杉並区教育長（前任は東京都で6万人の教員を従える教育庁の指導部長）がある会議で発した言葉だったが、目からウロコの想いがした。驚いた。が、そりゃそうだ、とすぐに納得した。

教室で一度説明されただけで、一定の知識が身につくと思ったら大間違いだ。

それができれば天才だろう。普通は予習してきたり、塾ですでにやったことであったり、復習して練習問題を解いたりして、ようやく「わかる」状態になる。

一条高校での最後の終業式でも、私はこの事実を生徒に真摯に伝えた。

「生徒の皆さんは、初めて聞くことかもしれないけれど、学校って君たちが『わかる』ところまで教えるところじゃないんですね。『わかったつもり』にするところなんです。だから、うまく生徒を『わかったつもり』にしてくれる先生が良い先生ってことになりますね。で、本当に『わかる』ためにはどうしたらいいんでしょうか？　2つのことができないと『わかった』ことにはならないんだけど、何だかわかりますか?」

スッと緊張感が走る。私は続けた。

1つは、友達に教えられるということ。その知識を他人に教えられるのなら、君はもうその知識をわかっているはずだからね。だから、学校での生徒同士の学び合い、教え合いが大事なんだ。

2つ目は、自分で問題が作れるということ。その教科のその単元に関わる問題を作れる人は、もうその知識がわかっている人だから。

考えてみれば、「他人に教えられて」「問題を作成できる」って、先生のことだよね。つまり、君たちがその知識について、自分で練習した上で「ミニ先生」になれれば、「わかった」と言えるってこと。

先生方にはサプライズでの爆弾発言だったのだが、おおむね好評だった。

学校は「わかるようになる」場所ではなく、「わかったつもりになる」場所だという現実。これを聞いてショックだっただろうか?

「エーッ、学校って最後まで面倒見てくれるんじゃあなかったの?」

「学力の保証は先生の責任なんじゃないの！」

そう思われた方は、ますます本書を最後まで読み通してもらいたい。

第6章　授業内容を3つの力で見直そう

情報処理力から情報編集力へ

日本の成熟社会は1998年から始まったと述べた。

成長社会から成熟社会への変化とは、正解至上主義の教育が正しかった時代から、正解至上主義では通用しない時代への変化でもある。

ここまで述べてきた通り、戦後日本の高度成長社会では、大きいことはいいことだ、早いことはいいことだ、安いことはいいことだというように、社会的な「正解」がはっきりしていた。だから、学校ではひたすら「正解」を覚えさせたり「正解」の出し方を練習させる正解至上主義の教育が行なわれた。結果、答えを早く正確に当てられる「早く、ちゃんとできる、いい子」が増産され、産業界に処理能力が高いホワイトカラー、ブルーカラーとして送り出されてきた。

戦後50年はこれで良かった。正解だったのだ。

ところが、成熟社会に入ると、すべてのモノ、コト、ヒトが多様化、複雑化し、変化が激しくなってくる。一様ではないし、平均が意味をなさなくなる。

学校でも「みんな一緒」だったのが多様化して「それぞれ一人ひとり」になり（軽度発

達障害だって一括りにできない)、家庭の事情も複雑になり(離婚も虐待も増えている)、変化も激しくなっているのだ。

成長社会から成熟社会への変化は、どんどん「正解」がなくなっていく変化でもある。

成長社会では「正解」の出し方を知っている方が有利だったし、私企業に勤めても公務員になっても偉くなれた。つまり、正解至上主義教育で育まれた「情報処理力」(答えを早く正確に当てられる力)が日本人の幸福に直接結びついていたわけだ。

ところが、正解がないかもしれしくは減じていく成熟社会では、**図5**(次ページ)に示すような「情報編集力」の方が大事になる。

正解がない問題をどう解くか? そのために必要なのは、**まずは自ら仮説を出して、他者の意見も聴きながら「自分が納得し、かつ関わる他者をも納得させられる解」を導く力**だ。すなわち納得できる仮説だから、この仮説を「**納得解**」と呼ぶ。

「納得解」を導くためには知識、経験、技術のすべてを組み合わせなければいけないから、「**編集**」という言葉を使う。文科省がしきりに謳う「思考力・判断力・表現力」のことだ

図5　情報処理力から情報編集力へ

ジグソーパズル型学力

情報処理力↓正解

・読み書きそろばんの基礎学力
・アタマの回転の速さ
・大量生産
・パターン認識（短絡的思考）
・営業マンが勧めたから保険に入る
・消費者として生きる

↓

レゴ型学力

情報編集力↓納得解

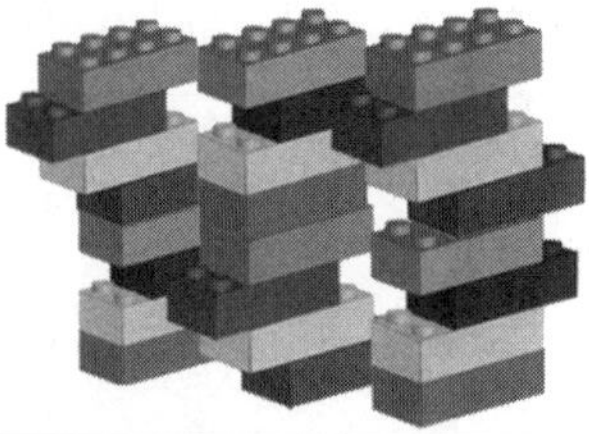

・知識を実社会で応用するためのリテラシー
・アタマの柔らかさ
・多品種少量→個別生産
・違う見方もあるかもしれない（複眼思考）
・自分のリスクを比較研究してデザインする
・編集者として生きる（人生は一冊の本）

と理解していただいて構わない。

ジグソーパズル型学力からレゴ型学力へ

勘のいい読者にはわかると思うが、**図5**の上の「情報処理力」はジグソーパズルに喩えられる。ジグソーパズルは、ミッキーマウスとミニーマウスの仲良しの絵だったり、お城の綺麗な写真だったりする。もともと最初に「正解」が存在して、それを200ピースや2000ピースなどにバラしてから元の絵に戻す。つまり正解主義のゲームなのだ。

それに対して**図5**の下のレゴは、パーツの種類は少ないものの、自分のイマジネーションを働かせることで、その組み合わせによって宇宙船でも家でも、文字通り街全体を作り上げることも可能だ。

これからの教育は、**情報処理型のジグソーパズル型学力ではなく、情報編集型のレゴ型学力にシフトしていかなければならない**わけだ。

ところで、読者であるあなたにお聞きしたい。情報処理力偏重の教育を続けていくと、どういう子が育つと思うだろうか？　大学入学共通テストも含め、四択問題を何百、何千と解き続けると、どんなクセがつくだろう？

「もしかしたら、私のような人間？」

自分自身にもそうした呪縛がかかっている？　そんな疑いを持ったならば健全だ。何しろ成長社会では、おしなべてそのような教育がなされてきたからだ。

四択問題の選択肢は先生もしくは教材会社が与える仮説である。だから、どんな環境においても必ず人が仮説をくれると勘違いし、さらにその中に必ず「正解」が1つあると勘違いする人間が育つことになる。これは大事なことなので、次章でもう一度問いかける。

成熟社会はそれでは通用しない。正解が存在しないからだ。ゆえに、情報編集型のアクティブラーニングや探究授業が切望されているわけだ。

しかし、こんな疑問も残ると思う。学校の先生っていうのは「正解を教えるプロ」であって、正解がない問題へのアプローチを教えるのはしんどいんじゃあないか、と。その通りだ。

だからこそ、学校を職員室の先生だけで運営する時代を終わらせ、地域社会の資源を学校につなげるべきなのだ。大学生や塾の講師、地域に戻ってきた団塊世代やＩＴ企業のビジネスパーソン、果ては職人さんまで。しかも、日常的な触れ合いが校内で起きるようにしたい。たまにゲストに招くだけではダメだ。

それが「地域学校協働本部」や「コミュニティ・スクール」化の意義である。

もう、学校を教員だけで運営するのは無理なのだ。そう、はっきり告げよう。学校という車を、職員室の先生と地域社会の両輪で動かしていくのだ。

だからこそ、学校で学ぶ児童生徒も、大胆に地域社会の力を借りて、ナナメの関係を強めていくべきだと第4章でも提言した。先生・生徒や親子というタテの関係ではなく、友達同士のヨコの関係でもない、利害関係のない第三者との関係である。

そうでないと、子どもたちのイメージできる職業が、親の仕事か教員（塾の講師を含む）、あるいは通学路の途中にあるハンバーガー店やコンビニの店員のような身近な存在に限られてしまうから。

7対3が理想のウェルバランス

学校教育における「情報処理力」と「情報編集力」のバランスは、発達段階で変えていくのが理想的だ。

小学校では、正解主義の授業がまだまだ9割方あっていいだろう。頭の柔らかいうちに、記憶力が高いうちに覚えられることは覚えてしまう。だから、バランスは、9対1でいい。

中学校では、正解を教える授業を7割に減らして、正解のない課題にアクティブラーニングで取り組む授業を3割にする。するとバランスは7対3になる。

高校では、正解を教えるのと、正解のない課題のアクティブラーニングを半々にして、いよいよ自律した学習者を育てる努力をする。バランスは5対5である。

こうしていけば、「情報処理力」対「情報編集力」は、全体で7対3くらいのウェルバランスに落ち着くだろう。この3割が、成熟社会における教育の勘所《かんどころ》になる。

現在の日本社会では、開発途上国型の正解至上主義が行き過ぎていて、全体で9対1くらいのイメージだ。しかも学校教育については、保守的な自治体では「情報処理力」側に97％や93％と9割以上に傾いていて、極度の正解主義がまかり通っているように見える。

そのような現場は息苦しい。学びの場ではなく判定の場である。そんな教室では余裕も無駄も遊び心もなくなるから、クリエイティブでイマジナティブな子が育つわけがない。

9対1が7対3になるということは、正解主義を9から7に2割ほど下げるだけだ。

そうすれば、日本の社会はもっと柔らかくなり、人々の脳もつながりやすくなる。もともとの持ち味であるクリエイティブな生活が取り戻せるのではないだろうか。

日本人の人生を豊かにするためには、そろそろ学校教育という一丁目一番地から変える必要があるのである。

生きるチカラの逆三角形

学校の正解至上主義をいかにして改めていくか。

それが、日本教育界の重要課題であることをここまで述べてきた。

正解を記憶させたり、正解の出し方を教える授業を減らしていくこと。代わりに、正解のない課題に取り組み、思考力・判断力・表現力を伸ばす機会を増やしていくこと。成熟社会に必要な学びは、後者の「情報編集力」であるということを繰り返し述べてきた。

さらに具体的なイメージを得るために、図にしてみよう。

図6（次ページ）を見てほしい。**「情報処理力」と「情報編集力」を、生きるチカラにしていくための関係性**を示している。

ご覧の通り、ベースになるのが「基礎的人間力」。それを育む土壌は家庭教育だが、そ

図６　「情報処理力」と「情報編集力」と「基礎的人間力」の関係

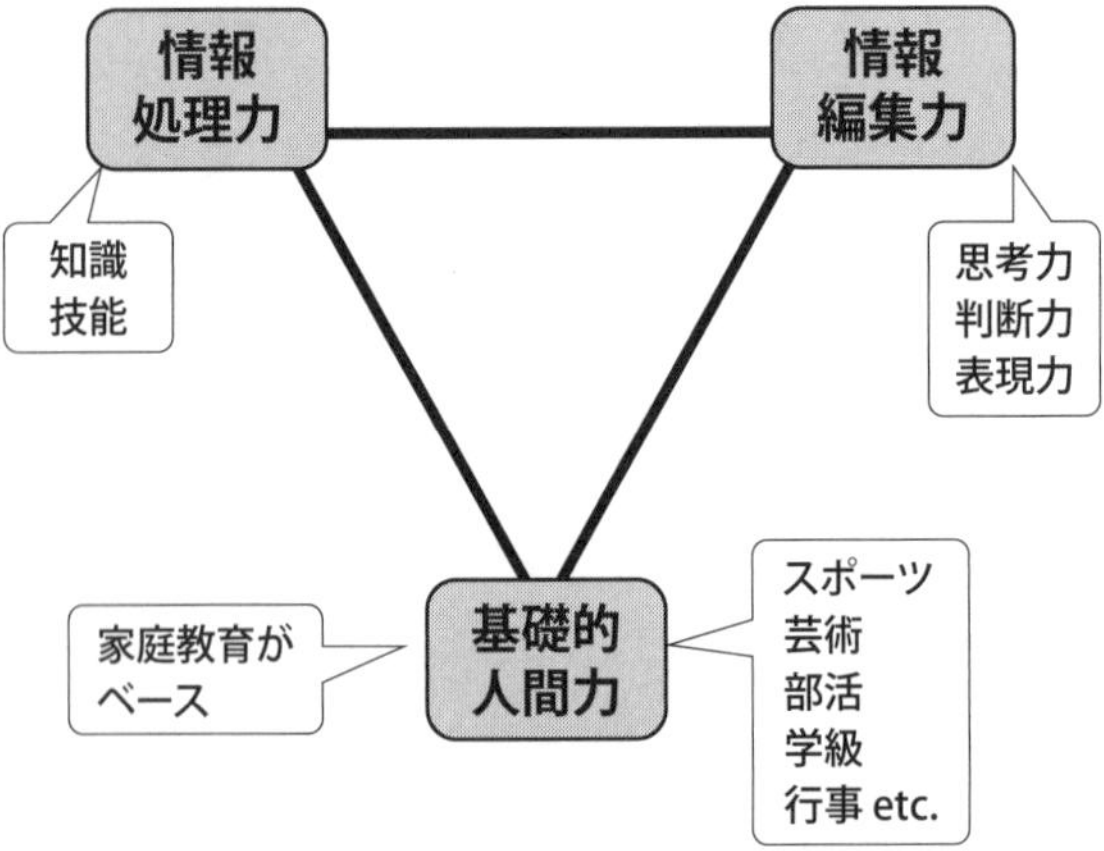

の後、どんな社会環境で育ったか、どんな実体験をしたかで蓄積的に得られる力である。体力や精神力、忍耐力も「基礎的人間力」に含まれる。これらに感情の働きも含めて私たちはそれを「人柄」と呼び、若い人たちは「キャラ」と呼んでいる。

「基礎的人間力」は、学校体験でも育まれる。クラスでの人間関係や行事を通じての経験、あるいは中学高校での部活動も含まれる。その他、旅やバイトなど様々な個人的な体験の集積が、集中力やバランス感覚、直感力や創造性を強化することになるだろう。

その上に、左側に「情報処理力」、

右側に「情報編集力」を置いた。これから訪れるのは「超」が付くほどのネットワーク社会だから、情報の扱いが上手いか下手かで、幸せ感が大きく左右されるからだ。

「情報処理力」とは、狭義の「基礎学力」のこと。

計算の方法や漢字の読み書きなど、たくさんのことを覚え、それを思い出せるかどうかの勝負になる。一見複雑な問題でも、それを読み解いて、なるべく早く、正確に「正解」を導けるかどうか。チャッチャと独りで、素早く正確に処理できる力だから「情報処理力」と呼んでいる。

通常これは、学校の勉強や塾でのトレーニングで鍛えられる。中学でも、高校でも、大学でも、受験を経ることで「情報処理力」は飛躍的に上がることがあるが、試験が終わると途端に落ちる特性もある。会社でも、処理仕事を与えられて、早く正確にこなす訓練を続ければ、「情報処理力」は向上する。

一方「情報編集力」は、「正解」がないか「正解」が1つではない問題を解決する力だ。

広義の「学力」に含めてもいいのだが、「正解」を早く正確に当てる力である「情報処理力」と対比するために、右側に置いた。

ミライでも必要な情報処理力

「AI×ロボット」社会では、まず事務処理業務が代替されていくことが知られている。では、人間には「情報処理力」が要らなくなるのだろうか。未来社会を生きる子どもたちには、基礎学力は不要になるのか？

イエスか、ノーか？

よく言われるのは、「知識はすべてネット上にある」という考えだ。忘れてしまっても、ググればいい。だからもう、知識を覚える必要はないし、SiriやChatGPTのようなAIに音声で頼めば何でも教えてくれる未来は近いから、記憶力を鍛えても意味がないという意見さえある。例えば、コロンブスによるアメリカ大陸の発見は1492年だが、それを「イヨーッ（14）、国（92）が見えた！」なんて覚える必要はもうない、と。

確かに、そうかもしれない。

ただし、コロンブスによるアメリカ大陸発見が世界にどういう影響を及ぼしたのか、例えばヨーロッパにおける国々の力関係がどう変化したか、あるいは、それがのちに日本を含むアジアにどのように波及したのかについて調べようとするとき、ベースになる世界史と日本史の知識なしに、この問題を探索することは不可能だろう。知り得たことを、まったく活かせないというわけだ。

ググればいいと言っても、ググるときのキーワードや、キーワードの結びつきのイメージは、基礎学力がなければ思いつかない。あるいは、ChatGPTのようなAIに聞いて答えを教えてくれたとき、その史実の解釈が正しいのかどうか、もっと違う見方があるんじゃないかと「複眼思考」をしてみる必要はありそうだ。

ということは、あくまでその答えでいいかどうかの判断は、聞いた当人の教養に委ねられることになる。

さらに、膨大な資料の中から有用なものを探り当て、優先順位をつけて読み、自分の知識として吸収したり、他者に読ませるものとして記述しようとするときは、情報を早く正確に処理する「情報処理力」が欠かせない。

要するに、**「情報処理力」が低いと、ただでさえ膨大なネット上の情報の洪水に翻弄され、押し流されてしまう**ことになる。高度な情報社会になればなるほど、「情報処理力」は必須なのだ。

実社会でも効果的な7対3ルール

未来の理想授業は、「情報処理力」と「情報編集力」を7対3で育むことだと述べてきたが、これは、実際の日常シーンでも応用できる。つまり目の前に何らかの課題がある場合、その問題を「考える力」の7割が「情報処理力」、残りの3割が「情報編集力」だと思ってもらっていいと思う。

サラリーマンや公務員の仕事でも、この7対3の原則が効いてくる。

たいていの仕事では「処理」的な部分が7割以上で、経理でも、広報でも、営業でも、まず早く正確に処理仕事をこなせるのが仕事のできる人の必要条件だ。経験のない人には意外かもしれないが、一見、クリエイティブな仕事に見える広告や新規事業開発、あるいはテレビやネット放送局の仕事でも、実は7割以上、いや下手をすると9割が処理仕事だったりするものなのだ。

あとの3割は、**「正解」が1つではない課題に対してどんなアプローチができるのか、どれだけ頭を柔らかくして納得できる解を導き出せるのか**の勝負。これが仕事のできる人の十分条件、「情報編集力」側の力だ。

仮に会社や役所のすべての処理業務がＡＩ×ロボットに置き換わったとしても、そのＡＩ×ロボットに仕事を命じ、彼らをパートナーにして働く人には、相変わらず「考える」作業が欠かせない。そうでないと仕事のイニシアティブが取れない。自分が主人公で仕事を進める感覚のことだ。であれば、「情報処理力」あるいは「基礎学力」が必要なくなることは決してないだろう。

別の喩えをしてみよう。

会社の機能として、ＩＴを完全に外部委託し内部にＩＴ系人材を育てなかった場合、外部パワーをうまく使いこなせなくなる事態がしばしば起きる。デザインの領域でも、内部にデザインのわかる人材を育てずに高いお金でデザイナーを雇っても、一流の結果は生まれない。これと同じだ。

私の知り合いには小学校に行かないで学んでいる子もいるが、その場合でもネットで学ぶだけでなく、大人との頻繁なコミュニケーションによって基礎的な文章力を鍛錬しているようだ。また、テレビを見ていてもわかると思うが、解説が上手いコメンテーターは、池上彰さんの例を挙げるまでもなく、メチャメチャ勉強している。クールなコメントで有名なテリー伊藤さんも「僕はあんまりテレビ見ないんだけど、本はすごく読んでいる」と言っていた。

結局、情報量の勝負なのだ。ディベートで意見を戦わせる場合も、ビジネスの交渉の場面でも、客先でのプレゼンでも、小手先の見せ方ではなく、圧倒的に知識のある方が勝つ。説得力があるからだ。

意外かもしれないが、デジタルで表現する時代になってもそれは変わらない。現にSNSやメールでの文章にその人が蓄積した情報量や教養が表れるし、人の意見をコピペしてばかりで自力で考えていない人の文章には浅薄さが滲む。むしろデジタル機器がスケルトン効果となって、その人の力量を晒してしまうと言ってもいいくらいだ。

つまり、学ぶ場は必ずしも学校だけではなくなるが、「情報処理力」を鍛えることは相変わらず大事だということ。

学力は人生の必要条件になる

「情報処理力」を鍛える。より端的に言えば、「学力をつける」こと。

地域差を排して全体におけるポジションを表す指標「偏差値」も、低いよりは高い方がいい。「偏差値」を超えた「脱・偏差値」の人間力を身につけるべきだということに異論はまったくないが、一部の教育評論家がよく言い放つ「偏差値は要らない！」という意見は、ロマンチストの戯言に聞こえる。偏差値の高い高校や大学を出た高学歴の評論家ほど、そういうことを述べる傾向があることも断っておく。

ただし「偏差値」とは、**図6**（218ページ）で言えば、左上の分野に限られた指標である。要は、一部に過ぎないということ。だから、「偏差値一辺倒ではダメだ」という指摘はこれからの時代、ますます正しくなる。

学力に必要なのは、基礎知識だ。

基礎知識がないと視点が低いままになる。目の前に何か障害物があって、向こうまで見通せない状況と同じだ。

私は、生徒たちに実体験でシミュレーションさせることがある。まず、教室で椅子をどけて机の後ろに隠れるようにしたときには、前がどうなっているかも見えないだろう。世の中は見えないままだし、この状態で何かを判断するのは危険だ。君たちはまだこんな状態かもしれないね、と。

次に知識を積み上げて（学力を上げて）、机から顔を出すようにすると前が見えるようになる。でも、まだ教室内を見通せるわけではない。前の子の後頭部しか見えないはずだ。さらに椅子を戻して座ってみると、もうちょっと視界が開ける。もっと知識を積み上げて（学力を上げて）、立ち上がったらどうだろう。前に座っている友達の頭の向こうに、教室全体を鳥瞰的に見通すことが可能になるはずだ。

視点が上がることで、視野が広がり、世の中が見えやすくなった。これなら、総合的に判断することもできそうだ。このように、知識を積み上げて（学力を上げて）視野を広くすることは、人生における選択の幅を広くする。

だから、**まだどっちの方向に自分の人生を振るか、どんな仕事をするかを決めていないのなら、まずは学力を上げておくしかない**のだ。それが、どんな職業に就き、どんなキャリアを積み上げていくかの決定を保留する最低限の条件になる。だからこそ勉強して学力をつけるのは、人生の実戦法としてやはり正しい。ひいては、「情報処理力」を鍛えることは、生きるための必要条件であるというわけだ。

「情報処理」プロセスが速く「時短」を達成できれば、次に解説する「情報編集」に時間をかけることができる。考えを深め、より納得できる選択を可能にする余裕ができる。これが鍵だ。

会社の経営でも同じことが言える。

社員がしている「情報処理」の仕事をなるべくIT化（AI×ロボット化）して、社内の人材の多くを「情報編集」側に寄せれば、その人材から知恵と技術（さらなるコストダウンやスピードアップ、あるいは新規事業やイノベーションのアイディア）が生み出されるはずだから、商品やサービスの付加価値を高めることができる。**図6**（218ページ）の左から右へのシフト（処理から編集へ）は、儲かる会社の条件でもある。

ちなみに、大学生の就活やビジネスパーソンの転職で就職先を選ぶときは、これが為されている会社かどうかを見極めるといい。

情報編集力をゲットせよ

1＋2＝3とか、微分・積分の問題を解くのは、早く正確に「正解」を当てる力、すなわち「情報処理力」だ。これに対して「情報編集力」は、「正解」がないか「正解」が1つではない問題を解決する力だと述べた。

文科省ではこれを「思考力・判断力・表現力」と表現することがあるし、経済産業省では「社会人基礎力」としたり、経済界では総称して「問題解決能力」と言ったりしている。学者が「非認知能力」と呼ぶことも。

グローバル社会での教育政策の「デファクト・スタンダード（事実上の標準）」を追求するOECD（経済協力開発機構）では、次のように表現している。


日常の知識を得ることはデジタル化、外注化されるから、むしろ自分自身の考え方、創造性、批判的思考（Critical Thinking）が問題解決や判断の鍵を握る。

他者とのコラボレーションやチームワークといった協働的な仕事の仕方がより重視されるようになるので、ICTなどの社会文化的ツールを使いこなして、いかに世界と関わりあえるかが重要になるだろう。


少々、ややこしいだろうか。英語で読んだ方がシンプルだから「Ah!」と納得できるかもしれない。要は、これから大事なスキルは次の3つだということ。

1 Information and communication skills
2 Thinking and Problem-solving skills
3 Interpersonal and self-directional skills

他者と協働するための「communication」と、自分自身で考え試行錯誤する「Thinking and Problem-solving」が大事だということがわかる。

私が「情報編集力」と呼んでいる力は、右記のキーコンピテンシー（鍵となる資質や能力）を含めた5つのリテラシーで構成されるのだが、細かいことはのちに解説する。

「正解」を当てるだけなら「情報処理力」だけで対応できるけれど、**「正解」がどんどんなくなる成熟社会の問題解決に必須の力が「情報編集力」**なんだと理解してくれればいい。

「何とか力」「何とか力」「何とか力」とたくさん覚えるより、一言で言えた方がはるかに楽だろうから。

なんで「編集」という言葉を使うのかにも、触れておこう。

例えば、この本を出版する過程を想像してみよう。

本書は、「学校での教育活動を正常化し、教員にもっと生き生き仕事をしてもらうにはどうしたらいいか?」という問いかけに答える形で出版された。カッコ内のメッセージを、ビジネス界では「コンセプト」と呼ぶ。

では、GoogleやChatGPTにこのメッセージを入れると、自動的に世界中から関連する文章が選択されて、それが優先順位順とか読者対象別に章立てられ、本が出来上がるだろうか?

むろんできはしない。関連した情報の断片はたくさん集められると思うけれど、本を自動生成するわけにはいかない。また、出版社が情報を収集し、整理して処理しただけでも、やはり本にはならない。

どの著者にこのメッセージを書かせるのか。何を強調すべきか。読者はどれほど細かい情報を読みたいのか。一番アピールする切り口は何か。仮にある著者がこのテーマについて自分の脳に蓄積された知識から書き出せるとして、足りない要素は何か。どのようなデータを著者以外のリソースから持ってくれば説得力が増すか。それをどのように並べ替え、どこに図やグラフやイラストを配し、どのような表紙デザインにして売り出すのか。

それらすべてが、通常は「編集者」と呼ばれる人の肩にかかってくる。


本を作るには、「情報処理力」を発揮してリサーチしたり、著者に片っ端から当たったり、企画会議を通る企画書を作ることが必要だが、途中からは典型的に「情報編集力」を発揮しなければ完成しない。たとえ、企画書をChatGPTに下書きさせて時短したとしても、それを仕上げるのは編集者だろう。初めから「正解」があるのではなく、コンセプトを実現できるよう試行錯誤しながら仕上げていくのだ。

また、本はいったん完成品として出版されるが、書店でどう売られるかやネット上での評価など読者の反応がフィードバックされて、さらに広がりを見せることもある。出版した時点で仕事が終わるわけではない。

それでも、納期までの間に編集者と著者が納得できるまで内容を詰めるから、「正解」ではなく、両者が納得できる解、つまり「納得解」を紡ぎ出したことになるのだ。だから、「正解」のない問題に対して試行錯誤しながら「納得解」を作り出す力を、本の編集の仕事に象徴させて**「情報編集力」**と名付けた。

さあ、理屈はこれくらいにして、具体的な「情報編集力」問題を挙げてみれば、あなたにも納得してもらえるはずだ。「ああ、なるほど！　正解が問われるより、最近の世の中では、こうした問いの立て方が大事なんだ」。

だから、ジグソーパズル型学力をつけるための「正解主義」一辺倒の教育ではもうヤバいんだな、と。

正解主義で『走れメロス』を読んだなら

ここで、『走れメロス』問題をやってみたい。

たいていの人は、教科書にもよく載っている太宰治の『走れメロス』を読んだことがあると思う。

「目に余る悪政を行なう王の暗殺を企てたメロスは、捕まって処刑されることになったのだが、親友を身代わりに3日後の日没まで待ってもらい、村で行なわれる妹の結婚式に出席。その後、艱難辛苦の末に約束の日没までに王の城へ戻ってくる」という物語だ。

様々な物語を1分で読めるようにしたサイト「あらすじ君」から、メロスが城に戻るまでの部分を抜粋しよう。

メロスは急いで村へ戻り、妹の結婚式を盛大に挙げ、無事に式を終えたのは、ディオニス王と約束した三日目の早朝でした。

日没までには十分な時間があったので、城まで難なく到着するつもりでしたが、突然の山賊襲来や川の氾濫による橋の流失などの不運に遭ったメロスは心身ともに疲労困憊し、倒れたまま立ち上がれなくなり、ディオニス王のもとに戻ることを諦めかけました。

しかし、ふと近くの岩から出た湧き水を一口飲むと、自然と力が入り再び走り出すことができたのです。

自分を信じて疑わず、人質になった親友セリヌンティウスの命を救うため、そして自分の命を捧げるためにメロスは走りました。

体力の限界まで走り続け、最後の一片の残光も消えようとした日没直前、メロスは到着しました。

メロスは、たった一度だけセリヌンティウスを裏切り諦めようとしたことを謝り、セリヌンティウスも一度だけメロスを疑ったことを告白し謝り、二人は抱き合いました。

そんな二人の姿を見たディオニス王は、改心しました。

（「あらすじ君」https://arasujikun.com/archives/57）

普通、教室で行なわれる情報処理型の国語の授業だと、以下のようになるのではないか？

まず、全員でこの物語を読みあわせた上で、ある場面での主人公の気持ちや、ある表現に込められた作者の意図を読み解くだろう。例えば、「帰り道に川までやってきて、あるはずだった橋がなくなっていたときのメロスの気持ちはどんなだったかな？」という具合だ。このとき、よく教員がやるのは「わかる人？　手を挙げて」という問いかけ。すると、いつも手を挙げ慣れている成績優秀者5人くらいと目立ちたがり屋の3人が手を挙げる。

この間、たぶん他の生徒の脳は働いていない。あるいは、先生が用意した「正解」は恣意的で、実は正解も不正解もナイことにうっすら気づいている生徒もいるかもしれない。

これが、常に「正解」を問いかける正解主義型授業の欠点だ。

四択問題と正解主義の呪縛

授業でこうした読解を行なった後、試験に出るのは次のような四択問題かもしれない。「帰り道に氾濫で橋が流失した川を目の前にしたときのメロスの気持ちに一番近いものを次の4つの中から選びなさい。イ、ロ、ハ、ニ……」

こうした正解主義型の授業や四択問題が繰り返されると、子どもたちは人生全般の大事な選択の局面で、どんな態度を身につけてしまうと思いますか？——講演会でも私は大人たちにこう問いかけることがある。**無意識に先生方が児童生徒にしている「刷り込み」に気づいてもらうため**だ。

そう。第一に、選択肢はいつも他の人が用意してくれるという態度が刷り込まれるだろう。この場合には、先生が「イ、ロ、ハ、ニ」をすべて準備している。現実の社会では、この選択肢のことを「仮説」と呼ぶが、実際には「イ、ロ、ハ、ニ」のすべてを自分で設定する必要が生じてくる。誰かが与えてくれるシチュエーションは稀である。

「このお店の売上が思うように上がらないのはなぜか？」という問いかけに対しては、「品揃えが悪い」のか、「店員の販売技術の問題」なのか、「宣伝が足りない」のか、はたまた「店の内装がダサい」のか。もっと徹底的に仮説を出して検証する必要があるのだ。「イ」かな？　それとも「ロ」かな？　と思考を重ねて錯誤するうちに、当初まったく予想もしていない別次元の「B」が納得解だったということもよく起こる。例えば、「価格が高過ぎて、出店した場所の客層に合っていない」などだ。

実社会は、自分で「仮説」を導き出し、あれこれ試行錯誤しながら問題解決ができる人材を求めているから、「仮説」は他人が与えてくれると思い込んでいるのは……かなりマズイ。

もう1つの強烈な刷り込みは何だろう？

それは、選択肢の中に必ず「正解」があると思い込んでしまうこと。「正解主義」の呪縛である。

前述のように、「イ」でも「ロ」でもなく「B」だったということは当たり前に起こる。頭を柔らかくして、どんどん「仮説」自体を修正していかなければいけないのだ。これを「修正主義」と呼んでいる。

子どもたちが徹底した「正解主義」教育を受けて、それを宗教のように受けとめているとしたら、どうだろう。デパートに商品が完成品として並んでいるように、「正解」が必ずあるという思い込みで人生を送るとすれば……ちょっとコワイ。

就職活動（就活）でも同様だ。「目指すA社、B社、C社、D社のうち、自分にとって『正解』な会社が必ず1社ある。ピッタリの会社がある。自分を活かしてくれるベストな会社、つまり『正解』があるはずだ」と勘違いしてしまいかねない。今も勘違いしている大学生は大勢いるはずだ。

実際には、「正解」な会社なんて、あるわけない。

会社も変化するし、自分自身も変化するからだ。あなただって、あと5年から10年の間にドンドン知識や技術を吸収して成長する。一方、会社だっていつ外資系にならないとも限らないし、ネット社会の波に乗れなかったら即アウトで消滅するかもしれない。

変化するもの同士が無限にベクトル合わせをして、試行錯誤の中であるべき姿を探る。それが仕事というものだ。

入社した会社が完成品で、自分にとっての「正解」だなんて思うから、半年もせずに居心地が悪くなって「あれっ、ちっとも正解じゃないじゃない」ということに。

3年以内に3割辞める風潮は、「正解主義」の呪縛からも来ているのではないか。

ついでに触れておけば、結婚活動（婚活）でも「正解」を追い求める傾向が強くないだろうか？

この人じゃない、この人でもない、まだ「正解」じゃない、きっといるはずだ、「正解」な相手が……と待っていたら十数年以上経っちゃったとか。

10年以上夫婦でいる既婚者に聞いてもらえばわかると思うが、結婚だって、変化する相手と変化する自分の無限のベクトル合わせだ。最初から「正解」の相手とめぐり合うわけじゃない。ネットで気に入った商品を選ぶように、大量な画像情報から対象を検索するわけではないし、詳細なデータ分析がなされるわけでもない。かなり偶然の出会いの中で、かなり感情的に結びつくわけだから、そんなに合理的なものではない。マッチング・サイトだったとしても、全世界から条件に合う候補者を合理的に探しているわけではない。

とくに子どもが生まれてからは、お互いがどう育ったかの思想がもろにぶつかるため、子育ての方針でバトルが起きることは必然だ。しょせん20年以上違う環境で育った他人同士なのだから。逆に、「正解」同士で結ばれたわけじゃないからこそ、10年、20年、30年とベクトル合わせをしている夫婦は偉いということになる。

納得解主義で『走れメロス』を読んだなら

脱線し過ぎたようだ。メロスに戻ろう。

さっそくだが、あなたも教員になったつもりで次のような問題の答えを探してみてほしい。

もし、あなたが教員で、生徒たちの「情報処理力」側ではなく、「情報編集力」側を鍛える授業を受け持つことになったら、どんな授業を行ないますか？

「正解主義」の授業で「正解」を求めるのではなく、「修正主義」で「納得解」を求める授業だ。ブレストでもディベートでもＯＫだ。できたら、「複眼思考」を鍛えられたり、イマジネーション（想像力）を養えたりする授業になると良い。生徒同士が協働的に考えられるテーマであることがミソだ。

ただし、同じ『走れメロス』を使って。

様々なパターンの答えがあっていいのだが、私ならこんなふうに進行すると思う。

『走れメロス』というのは、「間に合った！」という感動のストーリーだ。だから、もしメロスが間に合わなかったとしたら、何が起きただろうか？……を生徒たちに考えさせるようにすれば刺激的だ。明らかに正解と思われる常識や前例を疑う「複眼思考」が身につくだろう。

読み合わせた後の生徒へは、こんなふうに問いかける。

「メロスが日没までに間に合わなかったら、王は約束通り、身代わりのメロスの親友を即刻処刑したでしょうか？」

確かに刑吏に命じれば事は簡単かもしれないが、刑場に群衆が集まっているから、暴動も起こりかねない。そうかといって人質と何か別の条件で取引をするのは王にとってはどうだろう？

「もうちょっと待ってみようか」では、王の権威が損なわれる。だいたい何分待つんだろう？　日時計があっても日は暮れてるし、スマホもないんだから。

親友に捜索に行かせる？　兵をつけて？

このディベートは盛り上がりそうだし、議論をじっくり深めていけば、たぶん**「信頼とは何か？」を探究する授業**になりそうだ。

ずいぶん前だが、愛知県の中学2年生が「メロスは全力で走っていたのか?」を研究したレポート「メロスの全力を検証」がネット上で大変話題になった(一般財団法人理数教育研究所開催「算数・数学の自由研究」2013年度最優秀賞受賞作品)。

この研究ではスピードを計算した結果、「メロスはまったく全力で走っていない」と結論づけたのだが、実社会が必要としているのは、このような常識、前例、決まりごと、風評、神話の類に疑問を持って、根底からそれを検証し、新たな仮説を提示できる人材だ。

大事なことなので最後にもう一度繰り返すが、仮説を生み出し、試行錯誤しながら問題解決まで自力で運ぶことができるタフな人材が求められているのだ。

これが成熟社会のルールである。

第7章　学校教育が生き残るための新時代の評価ルール

「グローバルな人材」ってどういう意味?

「グローバル」という言葉が、大変乱暴に使われている。

それこそ「グローバル人材の育成」を掲げる教育委員会は多い。

大変恐縮だが、これらを策定した教育委員や、教育委員会事務局の教員出身の指導主事がどれほど「グローバル」に通用する人なのかを想像すると、何か、ウソくさい気がしてしまう。

2023年3月、私は、スタンフォード大学が2006年に設立した「スタンフォード・オンラインハイスクール」の星友啓校長（哲学博士）との5日間連続の日米対談をYouTubeで公開した。

星校長によると、スタンフォード大学の学部長も、「正解のある問題を解き過ぎると、創造性が毀損《きそん》されるからグローバルに活躍する人材は育たない」という考えを持ち、実際に指導にあたっているらしい。スタンフォード大学自体も、イノベーションを起こせるグローバルな人材育成をミッションとして掲げているが、そのために必要なのは、多様性

（ダイバーシティ）を重んじることだと教えてくれた。**多様な人材が交じり合い、主体的かつ協働的に学ぶアクティブラーニングが推奨されている**のだ。

日本の学校では、多様性の乏しいクラスで相変わらず「一斉授業」が行なわれ、小学校では始終「静かにしなさい（黙りなさい）！」と言われ、中学校でも「個人の意見は言うな！」と諭され、高校では（とくに進学校で）「共通テストの四択問題に答えるためには考えるな（あまり深く考え過ぎちゃうと迷ってしまうから）！」とまで言われ続けて児童生徒は育つ。

その子らに突如として「グローバルに羽ばたけ！」とは、一体いかなる意味なのか。

未来に必要な力を表現するマジックワード（決め言葉）として、それこそ、「グローバル」と謳っておけばそれで済むと思っているのではないか。私はそう拝察する。

グローバル何とかスクールとか、グローバル何とかカンパニーとか。産業界もそうだ。「私たちが採用し、育成したいのはグローバル人材です」……。では、グローバルな人材であるためには、どんな条件が必要なのか？

それに答えられるリクルーターがどれだけいることだろう。

もしも「英語が話せればグローバル」なんだとすれば、英検で何級以上、TOEFLやTOEICなら何点以上がグローバルで、何点以下だとグローバルじゃないという規準を示してほしい。実際は、そうじゃないだろう。グローバルとはそんな評価で示せるものではない。

情報編集力の5つのリテラシーとは?

私は次のように考えている。

まず、前章でも採り上げた「デファクト・スタンダード」としての**OECDの教育目標からスタートすべきだろう**、と。肝心要の部分をもう一度記す。

「自分自身の考え方、創造性、批判的思考(Critical Thinking)が問題解決や判断の鍵を握る」

「ICTなどの社会文化的ツールを使いこなして、いかに世界と関わりあえるかが重要になるだろう」

要は、ネットを利用して思考することで、自分のスキルを高めなさい、と言っているのだ。重要視されているスキルは3つ。これも再度、原文で繰り返そう。

「Information and communication skills」

「Thinking and Problem-solving skills」

「Interpersonal and self-directional skills」

ここから導き出した私なりの解説は、次の通りだ。
①「communication skills」が最も大事。他者とのコラボレーションのためにも。
②批判的または複眼的思考（Critical Thinking）を含む論理的な思考力がないと、世界で通用するロジックは生まれないし、説得力がない。
③創造性のある問題解決のためには、まず、頭の中でモデルを描き、継続的にしつこく試行錯誤しながら類推する力がいる。理科的な推理能力だ。
④さらに創造性のある問題解決のためには、他者の立場になり、考えや思いを想像する力もいる。あらゆる社会的な役割をロールプレイできるかどうか。
⑤最後に、自分の思い、考え、アイディア、イメージを他者にプレゼンできる力が「いかに世界と関わりあえるか」を決める。
この5項目だ。

よって私は、次のような5つのリテラシーを身につけている人こそ「グローバルにも通用する人材」であろう、と考えている。

リテラシーというのは、もともとは「文法」という意味だが、国際標準の知恵と技術というような意味づけでOECDなどでは使われており、次のような作法や振る舞いができる人のことを指すと思ってほしい。英語でも補足しておく。

1　コミュニケーション・リテラシー（異なる考えを持つ他者と交流しながら自分を成長させること）
Communication skills（skill set needed to achieve personal growth through interactions with diverse groups）

2　ロジカルシンキング・リテラシー（常識や前例を疑いながら柔らかく〝複眼思考〟すること）
Reasoning skills（skill set needed to think critically and logically）

3　シミュレーション・リテラシー（頭の中でモデルを描き試行錯誤しながら類推すること）

Simulation skills（skill set needed to make inferences by creating mental models）

4 ロールプレイ・リテラシー（他者の立場になり考えや思いを想像すること）

Empathic skills（skill set needed to imagine how others think and feel by considering their viewpoints）

5 プレゼンテーション・リテラシー（相手とアイディアを共有するために表現すること）

Presentation skills（skill set needed to share ideas in a dynamic, interactive way）

積み重なる経験によって獲得され、頭の中で「思考」するだけでなく、その思考を基に「判断」され、行動で「表現」されるべきものなので、能力や技術ではなく「リテラシー（作法／振る舞い）」と表現している。これなら、知識というのは受動的（passive）に吸収するだけでは身につかず、主体的かつ能動的（active）につかみ取らなければいけないというニュアンスも伝わるのではないだろうか。

この**5つの要素がそのまま「情報編集力」の必要条件でもあるので、「情報編集力」を作法や振る舞いとして身につけた人は、グローバル人材なのだ**とも解釈できる。

なお、一つひとつのリテラシーに対応した学校での具体的な授業例は紙幅の都合で載せられないので、高校生でも読める『たった一度の人生を変える勉強をしよう』（朝日新聞出版）を参考にしてほしい。

学校教科と実社会でのリテラシーの違いとは？

ここで、**図7**（次ページ）を見てほしい。

この左右の対比を、**学校で習う教科の学習（インプット）と、実社会で必要とされる力（アウトプット）のバランス**として、次のように言い換えることもできるのだ。

1　学校では、国語や英語の成績が大事だけれど、実社会で今後もっと重要度を増すのは、他者とつながるための**「コミュニケーション・リテラシー」**である。

逆に言えば、国語や英語を教科として学ぶのは、こうしたリテラシーを身につけるための基礎でもあるということ。

図7　「情報処理力」と「情報編集力」と「基礎的人間力」の関係〈完全版〉

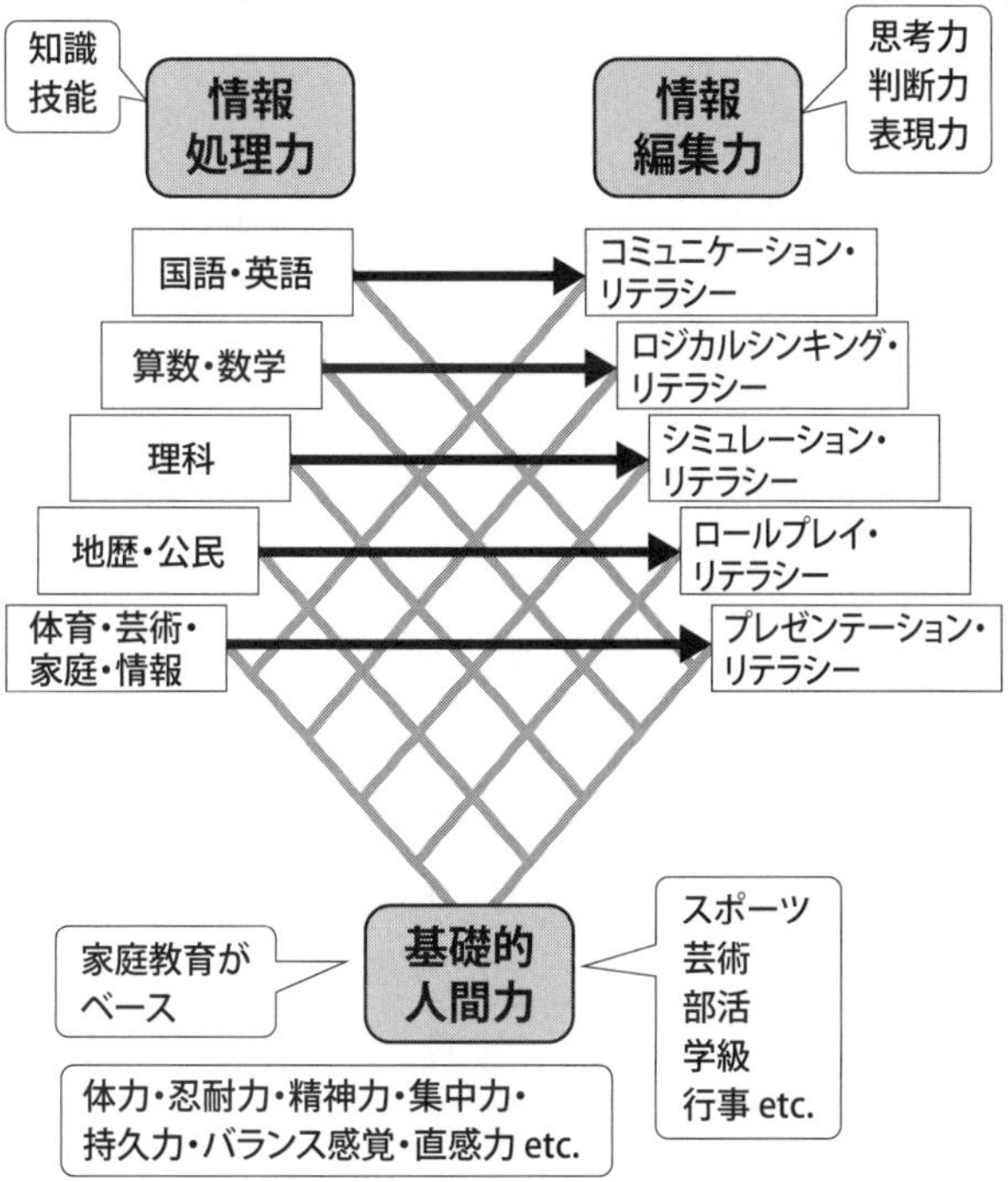

2　学校では、算数・数学の成績が大事だけれど、実社会で今後もっと重要度を増すのは、論理的な思考をするための**「ロジカルシンキング・リテラシー」**である。

同様に、算数・数学を教科として学ぶのは、論理的に思考できるアタマを育てる準備でもあるということ。

3　学校では、理科の成績が大事だけれど、実社会で今後もっと重要度を増すのは、現象のつながりを思考実験や実践で試行錯誤しながら推理するための**「シミュレーション・リテラシー」**である。

少々わかりにくいかもしれないので、補足しよう。

「シミュレーション・リテラシー」すなわち〝シミュレーションするリテラシー〟とは、これが起きたら次はこれが起きるだろうな、と勘を働かせる振る舞いのことだ。

推理小説やＳＦが好きな人は得意かもしれない。典型的なのは気象予報士の仕事だ。

「高気圧と低気圧がこんな配置になっているから、前線がこう来て雨が降りますよ」というような頭の働かせ方のことである。同じように「石油の価格が下がっているからこの会社の業績は良くなるだろう」という証券アナリストの予想もそうだし、「この商品だったら、この棚に置けばもっと売れるんじゃあないか」というような、お店の店長にも必要な振る舞いだ。過去から現在への流れの中で、「未来の現象はこうなるんじゃないか」と自分なりに「仮説」を作り出す力だ。

もちろん、その予測が外れたら「何でだろう？」と考え直さなければならないし、仮説を修正する必要がある。そうした試行錯誤を繰り返すことが「正解のない成熟社会」では必須なのだ。

換言すれば、理科を学ぶことで得られるのは知識だけでなく、こうしたリテラシーを身につけるための基盤なのだとわかるだろう。さて、先を続けよう。

4 学校では、社会科の成績が大事だけれど、実社会で今後もっと重要度を増すのは、様々な社会的な役割を、その人物の身になって考えをめぐらせたり、演じたりするための**「ロールプレイ・リテラシー」**である。

これも、解説が必要だろう。

実社会でどんな役割を果たすことになるにせよ、その商品やサービスを求めている対象（消費者だったり、会社の顧客だったり、住民だったり）がどんな生活をしていて、どんな考え方で実際に振る舞うのか、イマジネーションを働かせて想像できないと良い仕事はできない。

自分の思い込みだけで商品を作ったり、必要としないサービスを追加しても、相手は喜ばない。それらはすべて無駄になってしまうだけだ。

営業マンは、お客様のニーズを自分でロールプレイング（以下、「ロープレ」）することでつかむ。会社の上司がお客様役になって営業の練習をすることもある。部下の練習のために自分がお客様役をやってみると、なぜこの商品をお客様は買わないのか（＝売れないのか）がよくわかるはずだ。

奈良市立一条高校でも大学入試の模擬面接をしばしば行なったが、その際、面接する側の席に生徒を座らせて、私自身が受験生を演じて悪い例をやってみせていた。生徒は面接官の立場からだとどう見え、どう感じるかを体感することができる。すると、受験生の目線の揺れが大きいだけで、けっこう不審な印象を与えてしまうこともわかってくる。

編集長は読者を常にロープレできなければ特集記事がズレてしまうし、住民生活をロープレできない市長には良い政策は打てない。

結局、社会科を学ぶのは知識だけでなく、こうしたリテラシーを身につけるための基盤になっているのだ。

5 最後に、音楽／美術／体育／技術・家庭／情報のような実技系教科は、国の側から見れば、日本人として最低限必要な技能・習慣を身につけさせるためのものだ。音楽の時間に国歌の歌唱練習をするとか、体育の時間に整列を繰り返すとか、みんなそうだろう。でも、視点を変えて個人の側から見ればすべて、自分自身の思いや考えを表現するための**「プレゼンテーション・リテラシー」**を学んでいるとも言える。

これも補足しよう。

音楽ならピアノの音や声で、美術なら漫画やデザインや建築で、体育ならカラダで、技術・家庭なら手先の技能として、情報ならパソコンやスマホで、自分の考えや気持ち、ひいては感性を表現する。これらの表現能力が「プレゼンテーション・リテラシー」だ。

音楽という教科を、過去の巨匠たちの歴史を学ぶ教科としてではなく、自分が作曲し表現するための基礎知識と技能を学んでいるのだと考えてみてほしい。体育でダンスを習っている人は、それが表現行為であることに疑いはないはずだ。実は、国語の書写の練習だって、そういう面がある。

つまり、学校では、音楽／美術／体育／技術・家庭／情報のような実技系教科の成績も大事だが、本当に重要なのはそれが表現力に結びつくこと。その表現を支えてくれる背景とは、一言で言えば「他者」である。言語も文化も異なるグローバルな他者とアイディアや想いを共有するためには、それらを効果的に表現するための「プレゼンテーション・リテラシー」が必須になることは言うまでもない。

入試でも5つのリテラシーを評価せよ

図7（251ページ）左の「情報処理力」側に、国語・英語、算数・数学、理科、地歴・公民、体育・芸術・家庭・情報と並べた。こちらで知識・技能の「インプット」を行なう。主に小学校から中学、高校までの現在の学校教育の役割である。もちろん、大学に入っても社会人になっても、自分の意思で、知識・技能の勉強は一生続くわけだが。

対して、右の「情報編集力」側の5つの要素（コミュニケーション・リテラシー、ロジカルシンキング・リテラシー、シミュレーション・リテラシー、ロールプレイ・リテラシー、プレゼンテーション・リテラシー）は、実社会で必要とされ、これからますます大事になる「アウトプット」である。

これらは今や、グーグルやアマゾンやマイクロソフトやリクルートや楽天のようなリーディング企業で求められているものでもある。

だから、面接では、プレゼンテーションをさせて創造性の豊かさを確かめたり、グループディスカッションをさせて論理的思考ができるかを観察したり……必死で「情報編集力」側の力をチェックしようとしている。国の官僚や市役所の役人でさえも、求められているのは、このアウトプット力。すなわち「情報編集力」だと換言できる。ちなみに、雇われる力（雇用可能性）のことを「エンプロイアビリティ（employability）」と呼ぶのだが、あなたがこの力を高めたいのであれば、「情報編集力」側を鍛えなければいけない。

誤解している教員が多いようなのだが、インプット側で知識を入れれば、自動的にコミュニケーション、ロジカルシンキング、シミュレーション、ロールプレイ、プレゼンテーションのようなアウトプットが生まれるかと言えば、それは違う。決して自然には生まれない。

知識を注いでいけば、いつかコップからあふれ出すという類のものではないからだ。

文科省の用語では、右側の「情報編集力」は、「思考力・判断力・表現力」と表現されている。これは普段から鍛えることでしか、身につかない。児童生徒にその都度意見を聞き、発言を促し、必ずしも口頭でしゃべるのでなくてもいいから、スマホやGIGA端末のチャット機能で発信させるようなことを繰り返すしかない。

つまり、「思考力・判断力・表現力」は教員が教えられる知識とは違うのだ。探究の授業でブレストやディベートに取り組むのもいいが、普段の教科のカリキュラムの中でも、**児童生徒の意見を聞く場面を増やす**こと。とにかく、**発言の機会を増やす**ことが肝要だ。

繰り返すが、小学校では「静かにしなさい！」と黙って聞くことが推奨される。中学校でも、自分の個人的な意見を言うことは必ずしも認められない。高校では、とくに超のつく進学校などでは、あまり深く考えると四択問題で迷ってしまうから、考えるなとまで教えられる。

これでは、真っ当な「情報編集力」の教育がなされるとは思えない。

まず、「静かにしない！」「スマホやGIGA端末の電源を切らなくていい」「（正解が1つではない授業では）カンニングやパクリは大歓迎」だと伝えて、正解のないアクティブラーニングの授業を増やしてほしい。

ところで大学の入試でも、とくに総合型選抜ではコミュニケーション・リテラシー、ロジカルシンキング・リテラシー、シミュレーション・リテラシー、ロールプレイ・リテラシー、そしてプレゼンテーション・リテラシーの5つが評価指標になるべきだろう。

なぜなら、それが現在の潮流だからだ。

2022年度、ついに大学入試全体で、試験を受けて入学する学生が5割を切った。

今後もその傾向は続くだろう。総合型選抜（旧AO入試）での入学者は現在1割程度だが、2020年代中に3割くらいまで増えるだろうと思う。そうなると、知識の総合的な正答率＝「情報処理力」側より、中学高校でどんな経験をし、どんなことに没入し、どんな探究をしたかがより問われるようになる。「情報編集力」側の経験・没入・探究を積み上げ、「思考力・判断力・表現力」を鍛えた生徒の方が、入試でも有利になる傾向が強くなるということだ。

こうして大学入試が「情報処理力」から「情報編集力」にシフトするのに従い、私企業の採用基準も同じような動きに加速がつくだろう。

学校とは人が集まらなければできないことをする場所

そろそろ結論が見えてきた。

「情報処理力」側の授業を減らしながら、「情報編集力」側の授業を増やす。

これが、学校教育が生き残る唯一の方向性だ。もし、このまま従来型の「一斉授業」を続け、ICTも使っているふりだけして一方向の授業を続けると、子どもたちが次々に学校の教育活動から逃亡するタイミングが訪れる。

不登校の児童生徒の中に、やりたいことが明確にあってそれが学校ではできないというタイプの積極的な不登校が増えているのは、その警告（アラーム）である。

ここまで述べてきた通り、「情報処理力」側と「情報編集力」側の授業バランスを、従来9対1だったのを7対3くらいにすればいいわけだから、正解がある従来型の授業を2割減らして、正解のないアクティブラーニング型の授業を3倍に増やす勘定だ（具体的には、小学校は9対1、中学校は7対3、高校では5対5のバランスが理想であるのは前章で詳述済みである）。一気にバランスを変えるのは無理だろうから、まずは心ある先生から始めたらどうか。自分の授業で、児童生徒の発言を圧倒的に増やす工夫を試みてほしい。

その際、「わかる人？」「意見のある人？」「質問のある人？」と手を挙げさせるのはご法度であることも申し添えておく。

学校が、こうしてアクティブラーニングの場になると同時に、従来型の「知識・技能」を学ぶ方法は、ますますYouTubeの動画やオンライン上の外部講師、あるいはChatGPTのようなAIツールにシフトしていくことになるだろう。

そうだとすると、学校という場は今後、どうなっていくのか？

学校の機能は、人が集まらなければできないことに集中していくだろう、と考えている。「知識・技能」の方は、オンラインで独りでも学べてしまうからだ。

国語でも、社会科でも、人が一カ所に集まっていなければ、ブレストやディベートはできない。前章で示した『走れメロス』の探究型授業をするのも、人が集まる教室でやった方が断然盛り上がる。もちろん、Ｚｏｏｍのブレイクアウトルーム機能を駆使してグループワークは可能だが、ブレストやディベートに慣れるためには、空気感を共有して生で練習する方がいい。

理科の実験も、班ごとに行なった結果、あちらの班では成功したのに、こちらの班では失敗した、というのが大事だ。「なぜだろう……？」という疑問から、学びがいっそう深くなるからだ。

実技系教科は、人が集まらなければできないことが多いと思うが、英語も実技系教科と捉えた方がいい。塾に行ったりしてわかっちゃってる生徒が半分いるのであれば、彼らを先生役にして、その他の半分に教えさせればいいのだ。

体育もタブレットを使って自習できるし、リモート指導も可能だが、やはり集団の力に押されてできるようになる面が強い。

くだらないと言われてしまうかもしれないが、小学校のプールなどでは男子は女子が見ているから、本当は怖いんだけど「しょうがない、カッコつけて飛び込んでみよう！」という心理が働くのだ。そんなふうに、カッコつけでも、見栄でも、プライドでもいいから、

「やってみよう」という決断を促すのは、集団で学ぶことのメリットだ。あなただって、かつて集団の力で押されてできるようになったことはあったと思う。会社でも同じだ。

ダンスの授業では、チームを編成して行なうと気持ちがいい。音楽の授業でも、合唱してハモったときの心地よさは格別だ。図工や美術についても、独りでも制作はできるが、隣のクラスメートの進行を覗き見しながら、ときにカンニングしたりパクったりしつつ試行錯誤することが大切だ。

正解がない、クリエイティブな活動はすべて、カンニングやパクリ歓迎！でいいのである。

さらに言えば、**学校で教育が本当になされるためには、失敗が容認されなければいけない。**

実技系の教科では小さな失敗を重ねさせることは得意だろう。そうした失敗のしやすさから言って、まず、実技系教科から元気になる必要があるのかもしれない。「知識・技能」の正解至上主義一辺倒で突き進んできた学校が、ついに失敗を許容する真の教育の場に戻るべく、ギアチェンジを図るのだ。

第8章　「書類ゼロ」から始める改革実現

学校を流通網とするのをストップせよ

いよいよ最終章である。

ここまで読み進めてくれたあなたに、本章では現場の改革をリアルに感じてもらいたい。そのため、実際に「できること」を提示するつもりだ。私自身の実体験をますます盛り込むので、あなたも「自分も教員だ」と仮想しながら、読んでみてほしい。

学校現場が書類仕事にまみれ、教員たちが事務処理に喘いでいることはもはや常識だ。それゆえ、できる先生、熱心な先生ほど、児童生徒の学習や生活に寄り添えないことを苦にして行き詰まってしまう。精神的なバランスを崩したり、先生なのに不登校になってしまったり。おまけに保護者からの無体なクレームも増えるばかりだ。

2022年度に実施した公立校教員の勤務実態調査の速報値が4月に公表されたが、1カ月あたりの残業時間は、中学校で8割弱、小学校で6割強の教員が文科省の定める上限基準（45時間）に達していた。長時間労働が常態化しているのだ。

この状況を根本的に変えることなしに、どんな前向きな教育改革も意味をなさない。

教員志望の大学生が減っている現状は、この問題の解決が急務であることを教えてくれている。

では、どこから変えるべきだろうか?

まず、**教育委員会がリスクを取って、「書類仕事ゼロ」を目指す**ことから始めるしかない。もちろん、ゼロを目指して半減すれば上出来だ。

私が、民間校長になってまず驚いたのは、教育委員会から届く書類の膨大さだった。2003年当時で、週に100枚近くはあったと思う。この話を最近ある現役校長にしたら、「それ、1日に届く数の間違いじゃあないですか?」と返され、絶句した。しかも、学校現場のマネジメント側のICT化が遅れたせいで、現在はその移行期であるためか、紙の書類とネットでのデジタルファイルが二重に届く自治体もあるらしい。それが実態だ。

こんなものをまともに読んでいたら、それ自体が仕事になってしまう。実際、教頭はそうした文書業務で忙殺される。しかも、その文書のほとんどを作っているのは「指導主事」という名の教員だ。教育委員会側の教員なのだ。

実にもったいないと思う。この膨大な書類仕事をゼロにできれば、書類を作って出す方の指導主事と、学校現場で受ける方の教頭を合わせて、全国で約10万人が教員本来の仕事に戻れるのだから。

はっきり言おう。教員が足りないというのはウソだ。

文書仕事が多過ぎて、指導主事と教頭が死んでるからそうなってしまう。

まず、要らない書類は何か。

何よりも筆頭に挙げたいのは、「アンケート」だ。

例えば、いじめ自殺問題がマスコミで大きく報道されると、国会議員が国会で文科省に「どうなってるんだ！」と質問する。文科省はデータを持っていないから、アンケートを作って都道府県の教育委員会に降ろす。「学校では、日常的にいじめに目を光らせていますか？」「いじめの発見のためのアンケートを毎学期とっていますか？」「発見した場合、どのように対処していますか？」と多数の項目が並ぶ。

都道府県でも都道府県議会議員が同じような質問をするから、都道府県教委も独自にアンケートを作って降ろしてくる。さらに、小中学校の場合は市区町村が設置者だから、市区町村議会議員が議会で質問すると、ここでも、もっと詳細なアンケートが作られる。つまり、一つ課題が生じると、国と都道府県と市区町村が三重にアンケートを作って学校に降ろしてくるというわけだ。

もちろん、いじめや自殺は大事件だから大騒ぎも当然だし、対処しないのは言語道断だ。しかし、食育についてとか、尖閣諸島や北方領土の地理での扱いについてとか、「こころの教育」についてとか、リモート教育についてとか、マスクについてとか……アンケートが多岐にわたって際限がない場合は何とかするべきだろう。

究極的な結論から言えば、データがあれば、アンケートは要らない。

であれば、データを持てばいい。

学校現場のDX化を進めて日々のデータが常にアップデイトされるようにしておけば、究極は、学校現場のすべてが上位者である教育委員会や文科省にも共有され、いちいちアンケートなどをその都度とる必要はなくなるはずだ。

個人情報保護条例から懸念があるかもしれないが、そもそもこれは児童生徒の利益に関わることなのだ。本来ならば、児童生徒を守り育てるのが教員の仕事である。その教員の時間がデータ収集作業に邪魔されているのだから、アンケート業務は当然見直されるべきだと思う。

どうしても必要な「学校基本調査」を含めて、アンケートは1学期に1本くらいに絞ればいい。

もう一つ、保護者は気づかないだろうが、現場を不必要に忙しくさせている「学校を通じた作品や児童生徒の募集」という悪弊がある。

例えば、国税庁からの依頼だと思うが、小中学生に「税金の作文」を書かせ、それなりの審査員を立てて、受賞者を表彰することが行なわれている。省庁からすれば一種のPR活動であり、国民に関心を持たせる広報行為だ。しかし、小中学生は本当に「税金の作文」を書きたいだろうか……私は疑問だ。税金を納めることは国民の義務だし、その教育を行なうことは否定はしない。しかしもっと知恵を絞れば、ゲームを使って広報するようなやり方もあるのに、とつくづく思う。

ことほど左様に、児童生徒の募集や作品の募集が無数に学校を通じて行なわれるのだ。

ポスターや募集要項が送られてくると、その都度、教頭が下駄箱の横の掲示板にポスターを画びょうでとめ、案内を各クラスの担任に配布する。

恐縮だが、私は校長として、学校を流通網として使う行為はほどほどにすべきと感じたので、ほとんどのポスターは貼らないで良いと教頭に命じた。もちろん、拉致問題のキャンペーンポスターなどは例外だ。

収受文書という曲者は不要

役所に勤める人なら誰もが知っている「収受文書」というものがある。

はっきり言うと、教育委員会の官僚がこの件については学校現場に降ろしましたよと証拠を残し、何か問題が起こったときに自分たちが責任を問われないようにするための通達文だ。

教育委員会の「免責文書」と私は呼んでいる。

いじめについてはもちろんだし、「給食にこういう材料は使ってないよね」とか「図書室のこういう本は書庫にしまっちゃってね」とか「夏のプール指導はやり過ぎないでね」などという指導がごまんとくる。これらが教頭、生活指導主任、教務主任などを通じて各担当の教員に降ろされるから、忙しくなるのだ。

逆に、免責のための収受文書を教育委員会がゼロにすれば、学校の事務は相当軽くなる。結果、指導主事と教頭の教員魂をも蘇らせることができるだろう。

実はこれは、現法律下でも可能だ。

杉並区立和田中学校の校長時代、池坊保子《いけのぼうやすこ》文部科学副大臣の配下に銭谷眞美《ぜにやまさみ》初等中等教育局長（のちの文部科学事務次官）がおられた頃、池坊さんが主宰した審議会に、学校に届く書類を1週間分束にして持ち込んだことがある。

「こんなに書類を学校現場に押し付けておいて、教員にもっと児童生徒に寄り添った指導をなんてよく言えますね。いじめの対応を丁寧にせよと命じるなら、まず、この書類を半減させるのがあなたたちの仕事じゃないんですか」

と直談判したのだ。実際には、和田中の校長宛に届いた書類2週間分を2つの束にして、池坊さんと銭谷さんの2人に渡した。

PTA会長も経験されて、けっこう現場をご存じだった池坊さんが偉かったのは、事の重大さにすぐ気づき、銭谷氏に即時対処を要望したことだ。直後に文科省内に文書削減プロジェクトチームができた。ただしこれが残念ながら、功を奏するまでミッションを全うできなかったことは、今日の現場が再び文書だらけになっていることからも見てとれる。

一方、私は杉並区教育委員会にも、同じ要求をした。

当時の井出隆安教育長は素早く対処された。しばらく、飛び交う文書が減ったのは誰の目にも明らかだった。まあ、井出さんの退任後は元に戻っちゃっているのだろうが。

このエピソードの顚末は笑い話になる。実は、私が文科省に持ち込んだ100枚×2束（2週間分）の文書は、ほぼ収受文書と現場に降りてきたアンケートの束だった。しかも、コピーする時間がなかったので、原本を持っていったのだ。今もって、それらは返却されていない。

要は、それでも学校経営にとって、何の支障もなかったわけだ。つまり、ほとんど無意味な文書だったという証拠なのである。

強調したいのは、**文書の大幅削減は、法改正することなく教育長の決断でできる**ということ。問題は、教育長がこのリスクを負うかどうかだけだ。

蛇足だが、指導主事に余計な文書を作らせないようにしようと、この改革に本気で取り組もうとした勇気ある教育長がいる。

広島県教育庁の平川理恵教育長だ。広島の改革は真に本格的で、その成果は『子どもが面白がる学校を創る――平川理恵・広島県教育長の公立校改革』（上阪徹著／日経ＢＰ）に詳しい。しかし、彼女は現場からの内部告発を受けて窮地にある（２０２３年2月時点）。リクルート出身の後輩で、一人親だが、和田中で修業してから横浜で民間校長も経験し、その後、スカウトされて広島へ。仕事ができる人物だから、残念だ。

教頭いじめには循環型の人事体系で対策せよ

教頭というのは、悲惨な職業だと前述した。

文書の処理業務が減ればだいぶ改善されるが、まだ、根本のところに直さなければどうにもならない元凶がある。

それは、校長が教頭をいじめ抜く習慣である。

そんなことはやってないよと言う校長の方は、この項を読み飛ばして構わない。

問題は、多くの校長が教頭時代、校長に絞られてきた過去が尾を引いていることだ。親は、自分が育ったように子を育てがちだ。また、犯罪者の多くに、小さな頃の貧困やネグレクトなどの虐待の経験がある事実も思い起こされる。

私自身、校長と教頭のそんな光景を幾度となく目撃してきた。自分を必要以上に卑下するようになってしまった教頭に何人も会った。だから、私は教頭や指導主事向けの教育研修会で、何度も「教頭は5年以上やってはいけない。合わなかったら、無理に校長になろうとしないで、また一教員に戻って現場で教えたらどうですか」とアドバイスし続けている。

これは人事システムが生んだ悲劇である。

教頭が校長になる際に、直属の上司である校長の推薦が必要となる。このシステムが、最大の要因だ。

また、教育委員会の管理主事は教頭を校長にする人事権を持っている管理職だが、学校現場に視察に来る際などは、教頭がいちいち玄関に、旅館でもないのに「管理主事様　歓迎!」の看板を出す。校長室での接遇時にはお茶を出し、お帰りの際には、その車の影が曲がり角の先に消えるまで頭を下げていたりするのだ。上司、部下の馬鹿な話は、池井戸潤さんの『半沢直樹』だけの世界では決してない。

私の場合は、教頭を無駄遣いするのは学校の損失だと考えていたから、2003年赴任と同時に教頭を「副校長」と呼んで敬った。完全に教える現場から離れてしまうと教員魂が消え失せてしまうので、一緒に道徳の授業をやったり、部活の顧問もお願いした。

どうしたら、教頭や指導主事を教員として蘇らせることができるか？　それが問題だ。何しろ10万人もいるのだ。学校教育界の一大テーマである。

私は「循環型の人事体系」を学校システムに組み込んだらどうかと考えている。

要は、**下から上への昇進の一方通行を見直し、循環させる**のだ。教頭というのは「事務能力の高い教員が一時的に分担する役割」であって、主幹教諭から教頭になり、（自治体によっては副校長職を経て）校長という「上がりの職」に昇進する、という形を改める。

教頭の在任期間を5年以内と決めて、教員に戻ることを大いに歓迎する。この場合、教頭という職務は一時的なものだから（会社内での組合専従と似ている）、教員に戻ることは、降格ではない。

さらに、校長の在任期間も5年以内と決め、地域社会の推薦が得られた場合だけ延長を可とする。最初5年の任期を務めたら、あとは途中で教員に戻ることを歓迎する。校長としての職務を全うした人物は、キャリアの最後に一教員に戻っていいことにするのだ。

これも同様に、降格ではない。

児童生徒を教えたいのが教員魂というものだから、最後に3年間、小学校であれば、4年生からの3年間を担任し、中学、高校では1年生から担任すれば、その子たちが卒業式を迎える年に自分も卒業することに。担任した子の卒業式が、自らの卒業式にもなる。

どれだけ感動的かは、想像するだけで涙が出てくる。この話を現役の校長や古手の指導主事、教員出身の教育長や教育監、学校教育部長、指導室長らにしてみたら皆、「自分だって正直そうしたい」と語っていた。

これも、法改正なしに、都道府県の知事が指示し教育長がリスクを取れば、実現できるはずの施策である。

文科省がするべき真に意味ある仕事

ところで、世の文部科学大臣が代われば、学校教育は変態（メタモルフォーゼ）し得るのか？

結論から言って、無理である。1年や2年の任期ではまかないきれないからだ。

しかも、大臣の所管領域が広過ぎる。

文化庁もあれば、スポーツ庁もある。一方に最先端の科学振興を扱う旧科学技術庁の領域も。だから、相撲協会に不祥事があれば出ていかなければいけないし、福島原発事故の補償も所管である。旧統一教会への質問権行使や解散命令請求の行方も、宗教法人は文化庁の所轄であるため、文科省の官僚が行なっている。

つまり、文科大臣が誰に代わろうと、私がここで述べてきた本格的な改革は不可能なのだ。仮に、党派を超えて１人の政治家が、その政治生命を懸けて５～10年大臣を続けることを認められれば、可能かもしれない。政権交代を超えた、大臣の固定制である。

なお、文科省の大きな仕事に、日本に約８００校ある大学を統括する高等教育局の仕事がある。この大仕事をリストラして負担を軽くする手はある。

そう、大学を半分潰せばいいのだ。

これこそが、文科省がするべき真に意味ある仕事ではないか。

大学は、現在の半数もあれば十分ではないか、と私は考えている。

教育関係者は皆知っているのだが、現在の大学の定員は、団塊ジュニアを過剰に浪人させないために一時的に定数を水増しして入学させた慣習がそのまま残ってしまったものだ。本当は、その波が過ぎたら返しましょうねという約束だったにもかかわらず、水増ししたまま現在に至っている。つまり、**半数は大学生にならないで、18歳から専門教育を受けるなり、職人や技術者としてキャリアをスタートした方がよかった人が、大学生になってしまっている**のだ。

AI×ロボット時代に、ホワイトカラーの事務仕事もブルーカラーの作業仕事も消滅していく流れの中で、何となく、普通高校から普通の大学に入ってしまった人が危ない。そのままでは人材源の損失になるからだ。年配者のリスキリングは自分で自分に投資してもらうのが原則だと思うが、何となくの流れで一般大学に入ってしまった若者のリスキリングの方が深刻度が高いと思う。

しかし、大学のリストラというのは、ある消息筋に言わせると、到底できないことのようだ。なぜなら、政治家が選挙に敗れて次の選挙を待つ間、腰掛け的に座るのが大学教授の椅子だからというのである。

政治家は、それゆえ、決して自分から大学を潰せないという噂だ。

学校を再定義できる教育委員

教育委員に指名され、教育長が挨拶に来ると、誰でもそれは名誉なことと身が引き締まる。

だが、決して勘違いしない方がいい。それは実質的にその県や市の教育を変える権限を付与されたわけではなく、名誉職に就いたというだけだからだ。

制度変更前は、教育委員（通常4〜5人）の会を教育委員会と呼び、教育委員長も指名されて、首長部局とは別に独自の権限が与えられていた。大阪府の教育改革では、私は現場で動いたが、盟友であった「百ます計算」で知られる陰山英男《かげやまひでお》先生を教育委員に引き入れて、上からの改革を主導してもらった（その後、教育委員長になられた）。

教育委員は直接部下に指示するのではないスタッフ職だ。一方、その1人である教育長配下の行政組織を、教育委員会事務局と呼ぶ。これは給食のことから障害児教育のこと、あるいは地域に住む入学予定者の学事業務や学校施設の補修、改築、新築に至るまで、広い分野の業務を担当するライン仕事だ。

制度変更の経緯を詳しく語る紙幅の余裕はないが、変更後の姿を端的に表せば、教育長がはっきり首長の配下になったということ。

それまでは、首長の配下ではなく、独自の位置付けだった。不思議に思うかもしれないが、これには理由があった。というのも、もしも極度に右傾化もしくは左傾化した人物が首長に選ばれた場合でも、その影響が学校現場にまで及ぶことがないようにしたわけだ。要するに、学校教育の整合性や連続性を守るためだったのである。

ところが、度重なるいじめや自殺の事件を受けて、これが改正される。教育委員会の隠蔽を疑わせる対応などもあり、世論の怒りが爆発したかたちだ。当然の流れでもあったかもしれない。政治家は福祉や医療について選挙で公約を掲げるが、その際、教育についても「ああしたい、こうしたい」と公約するだろう。しかし首長にその権限がなければ、当選しても公約が守れない。だから、それはおかしい、となったのだ。

こうして現行制度下では、首長がはっきりと命じれば、教育長配下の教育委員会事務局は動く。

だから、私はこう考える。

まず、本章に掲げたように、**教育委員が、名誉職の領分を超えて結託し、教育委員会の「文書業務ゼロ」に向けた積極的な提案をしたらどうか、**と。

これも欲しい、あれも欲しいというような、高度成長時代の開発途上国的な要求を並べるのはもう止めよう。もはや成熟社会に入り、少子化もあって縮んでいく日本なのだから、第4章で述べたように「学校ではこれはしなくて良い」「これは先生の仕事ではない」と仕事を限定してほしいのだ。

「もう、これはやるな！」

そんな引導を渡す役回りである。学校と教員の仕事を再定義し、学校での事務業務をリストラするのに一役買えば、のちのち歴史に教育委員としてその誉れが刻まれることだろう。

教育長も喜ぶはずだ。なぜなら、教育長にも、教育委員会事務局にも、自分たちの仕事を減らすきっかけがないからである。現場の校長には権限があるのだが、誰もやろうとしない。

だったら、教育委員が発案するしかないだろう。

手を挙げてくれた自治体の教育改革に参戦します

もし、文書の半減を約束してくれたら、私自身がその自治体を支援して、教育改革に参戦する用意がある。

実際、2022年度には、山梨県の長崎幸太郎知事の特別顧問として40日間、中学高校で「よのなか科」の授業を行なった。アクティブラーニング型授業法の見本を教員たちに見せながら、同時に、GIGA端末やスマホとCラーニングを組み合わせたICTの活かし方を伝授して回ったのだ。教頭・指導主事研修会の講師も引き受けた。

千葉県の熊谷俊人《としひと》知事はG1サミットで同席したときから（千葉市長だった頃から）応援していて、同じく特別顧問として20日間、中学高校で「よのなか科」を実施した。スマホをBYODで使って、どのように生徒からの意見・質問・授業評価を授業に活かすかの手本を見せたのだ。

このキャンペーンを受け、両県の重点指導方針などには、アクティブラーニングとICTの融合についての記述が具体的に盛り込まれている。

私が知事特別顧問という立場を取るのには理由がある。その間、学校現場での授業については、報酬を受け取らずに無償にするためだ（新幹線などの交通費や宿泊代だけは知事部局に支払ってもらう）。もちろん、通常の私企業もしくは組織からの講演依頼に対しては、それが本業だから、プロフェッショナルフィーをいただいて行なっている。

大阪府の橋下知事の特別顧問をしたときから、知事の意思でやる教育改革については、無報酬でやると決めていた。なぜかというと、もし報酬をとってやったら、私は知事の部下になってしまうからだ。リクルートを辞めてからは誰の部下にもなりたくなかったから、この方針を貫いた。自分の上司は「世の中」だとうそぶいて。

私のおすすめの授業セットは次の通りだ。1校3回の訪問を標準にしている。

第1回「10年後、君に仕事はあるのか？」　未来を拓く情報編集力の育て方、磨き方

第2回「ハンバーガー店の出店計画と売上予測」　プロの特別ゲストを迎える

第3回「商売繁盛の方程式をつくってみよう」　複雑な問題の論理的思考法、解決法

経済色が強いように思えるかもしれないが、本来「よのなか科」は思考力・判断力・表現力を鍛える哲学科のような授業である。物事の考え方＝新しい時代の思考法を教え、「複眼思考」を養う教材になっている。

すべて公開授業なので、保護者や地域の方々、教育委員や教育委員会の指導主事、あるいは付近の小学校から高校までの教員を含め、自由に参加してもらっている。正解のない問題について中高生とともにブレストやディベートしてもらうことで、頭の柔らかい意見やアイディアのシャワーを浴びて、大人の方が刺激されるのだ。

なお、土曜日の午前中に2時間の授業ができる学校では、以下の4回シリーズを実施した。

第1回「10年後、君に仕事はあるのか？」
第2回「ハンバーガー店の出店計画と付箋紙を使った流行る店の要因分析」
第3回「先進医療技術と人間の倫理の相克問題」主にディベートの練習
第4回「自殺抑止ロールプレイと安楽死の是非のディベート」

追加バージョンとして、武蔵野大学アントレプレナーシップ学部の毎年の授業でも行なっている次の3回も有効だ。

第5回「コミュニケーションの本質を問いかける自分プレゼン術」面接前に有効
第6回「人生のエネルギーカーブを描いてみよう」乃木坂46との授業でも実施
第7回「世の中になかった仕事を作ろう」希少性を磨くキャリア教育の基礎

自慢話をすれば、私は年間に100回程度のライブ講演・研修講師をこなす累計1800回を超える人気講師だ。70歳までに2000回を超えたいとも考えている。

ただし、大好きな、さだまさしさんのライブはもう4600回前後になっていると聞く。

リクルートの広報課長をしていた27歳のときに帝国ホテルのカフェで偶然出会い、「顔が似ている」というだけで意気投合。もう40年以上、うちの母を含めた家族ぐるみのお付き合いをさせていただいている。

だから、私は今でも「教育界の、さだまさし」と名乗っているのだが、文句なしに尊敬

図8　文書削減のためのフロー図（イメージ）

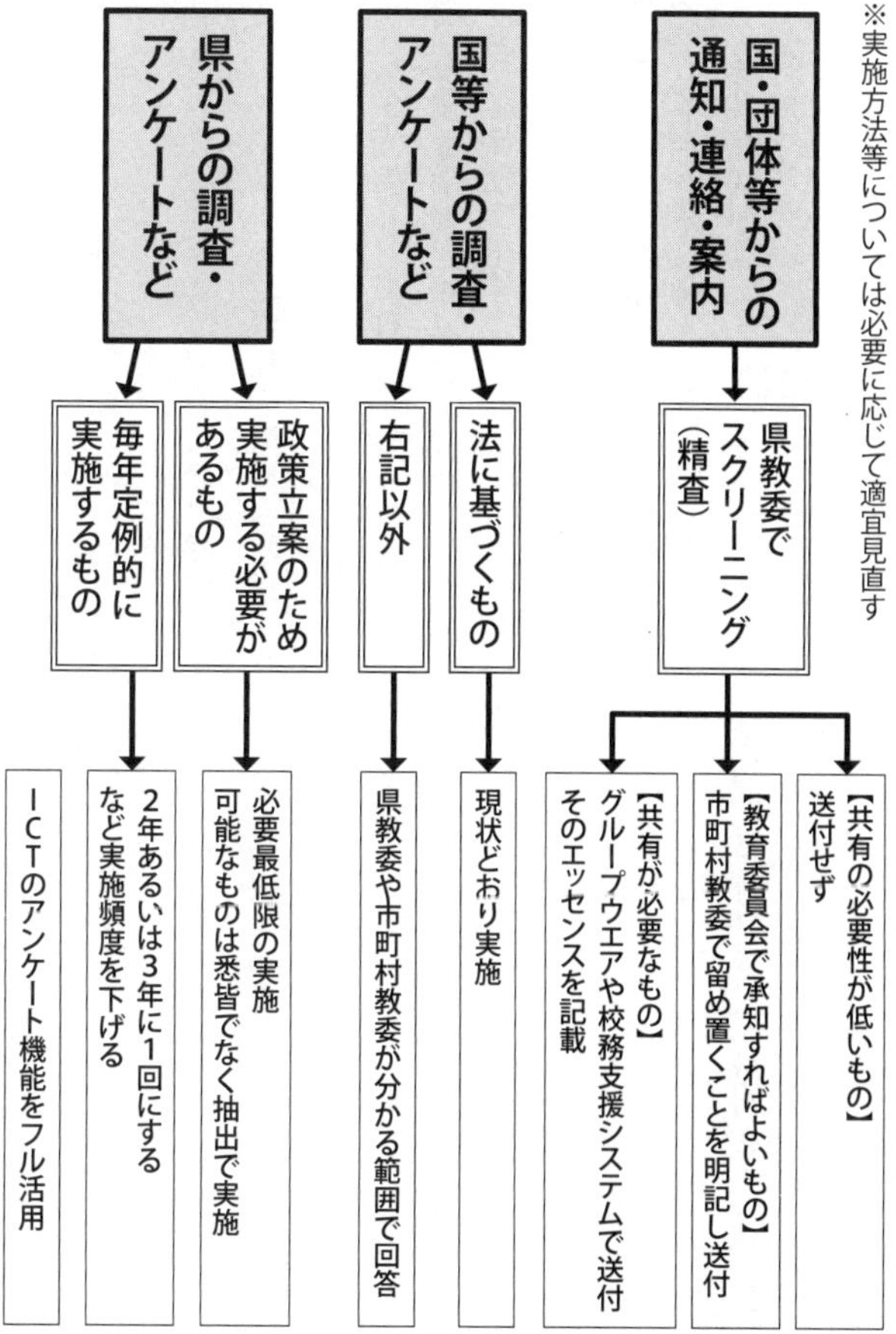

※実施方法等については必要に応じて適宜見直す

国・団体等からの通知・連絡・案内
県教委でスクリーニング（精査）
【共有の必要性が低いもの】送付せず
【教育委員会で承知すればよいもの】市町村教委で留め置くことを明記し送付
【共有が必要なもの】グループウエアや校務支援システムで送付そのエッセンスを記載
国等からの調査・アンケートなど
法に基づくもの
現状どおり実施
右記以外
県教委や市町村教委が分かる範囲で回答
県からの調査・アンケートなど
政策立案のため実施する必要があるもの
必要最低限の実施可能なものは悉皆でなく抽出で実施
毎年定例的に実施するもの
2年あるいは3年に1回にするなど実施頻度を下げる
ICTのアンケート機能をフル活用

2023年4月11日　山梨県知事記者会見における説明資料
©山梨県教育委員会

できる兄貴分だ。まっさんのデビューは21歳のとき。私のライブ講師デビューは50歳だから30年遅い。うーん、このままでは追いつけそうにないなあ、と今日も嘆息だ。

話を戻す。知事が文書の半減を約束してくれたら、私は無償で働こう。

ただし、知事から教育長にはっきり指示してもらう必要がある。

そんな矢先の4月11日、嬉しいニュースが舞い込んできた。

山梨の長崎幸太郎知事が定例記者会見の場で、「学校現場への文書半減プロジェクト」の実施を報告したのだ。しかも教育長同席のもとでのお手本のような会見である。

「教員の事務作業負担を軽減するため」

「教員の本来の業務時間を確保するため」

そう謳ったプロジェクトによって、「児童生徒に向き合うという教員本来の業務に集中できる時間を十分に確保したい」と、知事ははっきり述べている。前ページの図8をご覧いただきたい。

本書はこれにて締めくくる。

山梨県のプロジェクト始動を私のパスポートとして、次なる自治体の現場へも出向く覚悟だ。お声をかけていただければどの県の教育改革でも喜んで参戦する。

では皆さん、現場で会いましょう。

おわりに――それでも、教師がサラリーマンであって良いはずはない

教育改革こそが、旧態依然とした日本社会の改革のヘソだと私は考えている。学校――。その設立当初は「知識・技能」の習得が目的で、学習することに関しては全教育機関やサービス部門のおよそ9割方の役割を担っていたはずだ。

ところが、今や2割の存在感でしかない。

塾や私的な教育機関、教材が充実し、YouTubeやオンライン教育の教材も普及してきたからだ。現在、学校で学んでいる児童生徒の世代では、「知識・技能」の習得においては、学校の存在感はほんの数%になる可能性もある。

ChatGPTのようなAIがさらに精度を上げて、引導を渡してくる日も近い。

代わりに学校の教員がどんな役割を果たさなければいけないかについて、本書では微に

入り細に入り描いたつもりだ。

筆者が1998年から「たった1人からの教育革命」を標榜し、ひたすら学校教育界の正解至上主義と戦っているのは、ここに述べたことを一つひとつ実践し達成したいからだ。

宮台真司氏との共著『人生の教科書［よのなか］』（1998年単行本初版／現在は文庫版『人生の教科書［よのなかのルール］』）の執筆以来、正解がない課題を大人と子どもが一緒に論じる「よのなか科」を創設し、アクティブラーニング型授業の普及に携わってもはや四半世紀が経つ。東京都で義務教育初の民間校長となってからでも20年だ。

2020年代中には、この「学校教育界の正解至上主義を突き崩す」勝負には勝ちたいと考えている。


本書では、なぜ学校教育がウソくさくなったかを第一部で明らかにしながら、第二部では、どうやってそのウソくささを拭い去るかのポイントを述べた。

もし、そうした改革を為政者が本気でやろうとする場合、推進にはコツがあるように思う。125万人の学校教育界で、女性教員の活躍を保障し、比率を徹底的に高めることだ。

これは、実現可能な未来である。

政治の世界では、国会における女性比率は衆議院が1割、参議院でもおよそ25％（4人に1人）に留まっている。地方議会は1788あるが、「ゼロワン議会」と呼ばれる女性議員がゼロか1人に留まる自治体が全体の4割に達する（2月時点）。

市区町村議会議員はともかく都道府県議会議員や国会議員は、現在の延長で男性の長老が支配し、DX化も進まず、仕事のやり方も旧態依然としたままで進むなら、そもそも女性がやりたい職業かどうかも疑問だ。

それに対して、教員という職業はどうだろう。

現時点でも、幼稚園では9割、小学校で6割、中学校で4割、高校で3割を女性が占めている。幼稚園・こども園と専修・各種学校を含めれば74万人だから、すでに過半数を女性教員が占めていることになる。

教員の育児休業の取得は、出産後3年まで認められている（このうち手当の支給は1年）。3人の子を産んだ場合では10年近く育児休業が取れ、しかも元いた職場に席が確保される。私企業では、そうはいかないだろう。

教員同士は志ベクトルが同じ方向を向いているので職場結婚しやすいかもしれない。そうでなくても、子どもの育成に対する関心から共通の話題を見つけやすいからだろう、保育士と教員のカップルも多く見た。

他の職種より、ひょっとすると、共働きで子育てしやすいのではないだろうか。

東京都の例では、40代で年収がおよそ800万円近くになるから、共働きなら1500万円の収入があることになる。都内に実家があって、その土地に住んでいる教員も多く見た。住居費の賃料がそれほどかからない前提でこの年収レベルなら、子どもが3人いても余裕の暮らしができると思う。地方でも年収600万～700万円前後になれば、生活費が割安な分、同様に豊かに暮らせる水準だ。

そう考えると、学校の先生は悪くない職業だと言えよう。

それでも、自身も頑張り過ぎて突然学校に行けなくなった経験を持つ、ゆきこ先生は、著書『学校がしんどい先生たちへ――それでも教員をあきらめたくない私の心を守る働き方』（KADOKAWA）で、次のようなエピソードを明かしている。

「妊婦さんをいっぱい見てきたけどね、妊婦さんのクラスは荒れるよ」とベテランの先生に言われた、と。「先生が休みがちになって、子どもたちが自分たちを大切にしてもらえないって思うから」

しかし、保護者の一言で救われる。

「妊娠中はみんなね、大切に、大切に、無理のないように、って心配してもらいながら過ごしました。だからね、先生のことも、大切に、無理のないように、って気遣うのは当然のこと。そういう社会だと思ってください」

実際には、ゆきこ先生の妊娠をきっかけに、子どもたちの方が成長していく。

心配事があると「休んだ方がいいし、座った方がいいし、念のため病院に行った方がいいんじゃない？」と気遣ってくれるようになったのだ。そんな、相手の立場が想像できて、相手のことを思いやれる子どもたちが誇らしくて、その呪縛はすっかり解けたと語っている。

教育というのは、こういうことを言うのだろう。

杉並区立和田中学校時代、大きくなった先生のお腹を触らせてもらって胎動に驚いてはしゃぐ女子生徒を何度も目撃した。休業に入る直前の朝礼では、赤ちゃんのエコー写真を持ってきてもらって、体育館で大写しにしながら挨拶してもらったこともある。

でも、正直に告白すれば、そのあと産休・育休に入った先生が、2年目にも戻ってこられないと知ったときには複雑な思いもあった。自分自身、狭量だったと思う。これをしっかり認めてあげられるようでなければいけない。

だとすれば、どんな先生が代替で来ても、スムーズに学習が進むように授業の仕組みを整えるべきだろう。その意味でも、大胆にオンライン動画を使って教えるシステムが検討されて良い。その先生でなければできないコンテンツではなく、授業をある程度標準化しなければ、途切れなく移行することはできないからだ。

日本全体で女性の活躍が叫ばれているわりに功を奏していないのは、私企業や通常の公務員では、稼ぎを上げるためには偉くなる必要があり、そのためには男性並みに長時間働かなくてはならないという昔からの呪縛がかかっているからだ。

ここは、教職の世界で徹底的に女性に有利な条件を整備し、一点突破すべきではないか。学校に赴任したと同時に「先生！」と子どもたちにリスペクトされ、同志のパートナーに出会う確率も高く、その上、出産しても育休を取りながらの職場復帰が可能なら、十二分に魅力的な職場だと思う。

心配は、女性の先生が支配的になったとき、男子に特徴的な冒険心や無謀さ、あるいは、わけのわからない破壊的な創造性については、どうなるだろうということ。

そんなのは要らないと言われればそれまでだが、社会のイノベーションにはこれもまた大事な要素だ。まあ、そっちは若手男性教員に期待してみようか。それとも、そういった持ち味も含めて、男性も女性もなく学校で伸ばせるようになるだろうか。

政治の世界ではクオータ制（強制的に人数を割り当てるシステム）でもいいから女性を半数とし、教育界では、もっと学校現場だけでなく教育委員会で働く女性を増やせれば、日本社会はそこから一気にメタモルフォーゼ（変態）するのではないか。

もちろん、権力にしがみつく爺ちゃん政治家には席を譲ってもらう前提である。


18歳の成人までに、生き生きと子育てする教員の姿を見れば、子どもたちも未来に希望を抱くはずだ。少子化を反転させるにも、効果を発揮するだろう。

子どもは親の背中を見て育つというが、学校でもそれは同じだ。子どもたちは、自分が「先生！」と呼んでいる人の生き様を見ている。

だから、先生方には学ぶことを止めてほしくない。人生を通じて、学び続けてほしい。

子どもにとってはいつも、**大人の学ぶ姿こそが最高の教材**であるからだ。

この、ウソくさい支配からの、卒業……を信じて。

2023年5月5日　こどもの日に　教育改革実践家／「朝礼だけの学校」校長　藤原和博

朝礼だけの学校

イラスト・図版作成　谷口正孝
編集　大場葉子

藤原和博 ふじはら・かずひろ 「朝礼だけの学校」校長
1955年、東京都生まれ。教育改革実践家。78年、東京大学経済学部卒業後、現在の株式会社リクルート入社。東京営業統括部長、新規事業担当部長などを歴任し、93年よりヨーロッパ駐在、96年、同社の初代フェローとなる。2003～08年、都内では義務教育初の民間校長として杉並区立和田中学校の校長を務める。16～18年、奈良市立一条高等学校校長。21年、オンライン寺子屋「朝礼だけの学校」を開校する。http://chorei.jp/ 主著に『10年後、君に仕事はあるのか？―未来を生きるための「雇われる力」』（ダイヤモンド社）、『坂の上の坂』（ポプラ社）、『60歳からの教科書――お金・家族・死のルール』（朝日新書）など累計160万部。ちくま文庫から「人生の教科書」コレクションを刊行。詳しくは「よのなかnet」へ。https://www.yononaka.net

朝日新書
909
学校《がっこう》がウソくさい
新時代の教育改造ルール

2023年6月30日第1刷発行
2023年10月30日第3刷発行

著　者　藤原和博

発行者　宇都宮健太朗
カバーデザイン　アンスガー・フォルマー　田嶋佳子
印刷所　TOPPAN株式会社
発行所　朝日新聞出版
〒104-8011　東京都中央区築地5-3-2
電話　03-5541-8832（編集）
　　　03-5540-7793（販売）

Published in Japan by Asahi Shimbun Publications Inc.
ISBN 978-4-02-295219-6
定価はカバーに表示してあります。

歴史のダイヤグラム〈2号車〉
鉄路に刻まれた、この国のドラマ

原　武史

天皇と東條英機が御召列車で「戦勝祈願」の旅。戦犯指名から鉄道で逃げ回る辻政信。太宰治『人間失格』は「鉄道知らず」。落合博満と内田百閒、発車直前の歩調。あの時あの人が乗り合わせた鉄道だけが知っている大事件、小さな出来事——。朝日新聞土曜「be」好評連載の新書化、待望の第2弾。

親の終活 夫婦の老活
インフレに負けない「安心家計術」

井戸美枝

親の介護、見送り、相続や夫婦の年金、住まい、子どもの将来まで、頭が痛い問題が山積みになる定年前後。制度改正の複雑さや物価高も悩みのタネ。人生100年時代、まだ元気なうちに備えておきたいポイントをわかりやすく解説し、老後のお金の不安を氷解させる。

「単純化」という病
安倍政治が日本に残したもの

郷原信郎

政治の〝1強体制〟は、日本社会にどのような変化をもたらしたのか。森友・加計・桜を見る会……。「法令に違反していない」「解釈を変更した」と開き直り、逃げ切る「スタイル」の確立は、「多数決」ですべての物事を押し通せることを示し、分断を生んだ。問題の本質を見失ったままの状態が続く日本の病に、〝物言う弁護士〟が切り込む。

学校がウソくさい
新時代の教育改造ルール

藤原和博

学校は社会の縮図。その現場がいつの時代にもましてウソくさくなっている。特に公立の義務教育の場が著しい。社会からの十重二十重のプレッシャーで虚像になってしまった学校の実態に、「原点回帰」の処方を示す。教育改革実践家の著者によるリアルな提言書！

人口亡国
移民で生まれ変わるニッポン

毛受敏浩

〝移民政策〟を避けてきた日本を人口減少の大津波が襲っている。GDP世界3位も30年後には8位という並の国に。まだ日本に魅力が残っている今、外国人から移民先として選ばれる政策をはっきりと打ち出し、この国を支える人たちを迎え入れてこそ将来像が描ける。

マッチング・アプリ症候群
婚活沼に棲む人々

速水由紀子

婚活アプリで1年半に200人とマッチングしてみたところ、「富豪イケオジ」「筋モテ」「超年下」「写真詐欺」「ヤリモク」……〝婚活沼〟の底には驚くべき生態が広がっていた！　合理的なツールか、やはり危険な出会い系なのか。「2人で退会」の夢を叶えるための処方箋とは。

問題はロシアより、むしろアメリカだ
第三次世界大戦に突入した世界

エマニュエル・トッド
池上　彰

世界の頭脳であるフランス人人口学者のエマニュエル・トッド氏と、ジャーナリストの池上彰氏が、ウクライナ戦争後の世界を読み解く。覇権国家として君臨してきたアメリカの力が弱まり、多極化、多様化する世界が訪れる――。全3日にわたる白熱対談！